媽媽的公主病

活在母親陰影中的女兒，如何走出自我？

Karyl McBride, Ph.D.
凱莉爾·麥克布萊德博士——著　馬勵——譯

Will I Ever Be Good Enough?

Healing the Daughters of Narcissistic Mothers

國內專家．好評推薦

為什麼近年母愛議題的書會受到關注，因為受到關係傷害的女兒們真的很多。也許台灣的母親與美國的母親在觀念上有很大的不同，但女兒心裡的傷是相同的。

我很同意作者一開始強調的，我們討論的目的不在持續怨恨與發洩，而在療癒自己。如果妳沒有為人母，那麼妳需要藉由這本書來被支持，被撫平，然後才會知道這樣的自己仍值得愛與被愛；如果妳已為人母，更需要這本書提醒自己，拒絕傳承不當的關係，做個不同於母親的母親。

本書作者就是這樣的一個女兒，她從經驗與專業中分享了許多覺察的方式，直接而坦率的點出問題，說出妳心中想說卻不敢對母親說的話，就算妳的母親並不是作者所陳述的類型，但在「如何成為自己的主人」這件事上絕對值得參考。

——南琦／臨床心理師，著有《爸媽何必太正經》

人不完美，母親也是。也許妳的母親不見得是有強烈自戀傾向的「公主媽媽」，這本書仍然值得妳好好閱讀，因為在成長的過程中，我們都需要「哀悼那個我們從未擁有過的理想媽媽」，去辨識母親對我們無所不在的影響，然後脫離母親的軌道，走出自己身心健康的人生道路。透過本書作者的親身經驗與深厚的專業基礎，妳將可以得到心靈支持與可實際運用的好方法。

——黃惠萱／臨床心理師，著有《愛媽媽，為什麼這麼難？》

作者聲明

書中例證、軼事與人物來自我臨床工作、研究
與生活經驗，均為真人真事。
其姓名和某些具有辨識性的特徵、細節已被更動，
某些個案當中的舉例和情境已被重組過。

謹將這本書獻給以下五位，他們教會了我，
什麼是無條件的愛——

南森・史考特（Nathan Scott）

梅根・瑪俐（Meggan Marie）

麥克肯士・愛琳（McKenzie Irene）

伊莎貝拉・葛瑞絲（Isabella Grace）

芙羅拉・泰瑞莎（Flora Teresa）

英文版致謝

對我而言，撰寫一本書彷彿衝向一堵一堵磚牆，爬過一堵，又見一堵，只好繼續再爬，可以說是奧運等級的心智操練。這份工作固然一直都有壓力，但最重要的是，它也是一種很有意義的「愛的勞動」，絕不可能在孤獨自閉中完成。雖然簡單的一句謝謝似乎不足以表達感恩之情，我還是想對那些陪我走過這段激情路程的人們表達真心的感激。

首先，也是最重要的人，是我的兒女和孫兒孫女們：納特和寶拉、梅格和大衛、麥肯錫、伊薩貝拉、肯恩和奧爾。家人給我的愛、耐心、理解與鼓勵是言語無法道盡的。

經紀人蘇珊．舒曼（Susan Schulman）：妳對我的信心，就跟這個主題一樣不斷令我驚嘆。妳的專業、良善、努力與支持永遠存在我心中。

「自由出版社」（Free Press）的資深編輯蕾絲麗．梅瑞迪絲（Leslie Meredith）：特別感謝妳在編輯方面提供的嚴謹協助、妳對於敏感材料的敏銳感，以及堅信此書有必要出版。

「自由出版社」的助理編輯唐娜・洛夫瑞朵（Donna Loffredo）：謝謝妳回應我無盡問題的仁慈耐心。我每次跟妳通電話，都彷彿親眼看見妳溫暖的笑容。

謝謝「自由出版社」在本書出版前最後階段勞心勞力的全體人員。吉麗特・金葛德（Jeanette Gingold）和伊迪絲・路易斯（Edith Lewis），妳們在打字稿上的排版工作既精緻細膩，又美觀大方。

貝絲・利伯曼（Beth Lieberman）：妳的編輯長才與堅持不懈的能力使我永遠銘感在心。謝謝妳的大力幫忙。

其他協助初期編輯、提案、發想以及打氣的專業人士們：蘇瓦茲葉（Schatzie）、朵琳・歐理安醫生（Dr. Doreen Orion）、科琳・哈巴德（Coleen Hubbard）、莉絲・奈澤爾（Liz Netzel）、珍・司奈德（Jan Snyder）、蘿拉・貝洛狄（Laura Bellotti）：特別感謝各位。

吉姆・葛瑞格利醫生（Dr. Jim Gregory），謝謝您提供的健康資訊。感謝您付出的時間與心意。

「凱茲密勒設計公司」（Kitzmiller Design）的網站大師克里斯・帕瑟瑞納（Chris Passerella），妳實在太神奇了。謝謝妳投注的時間，以及提供的技術與支持。

「科利思電腦顧問公司」（Chris'Computer Consulting,Inc.）的科利思・塞古拉

（Chris Segura），妳在電腦方面給我的協助總是及時有用。謝謝妳最後一刻提供的版面指導。妳對於我在電腦方面的無知所展現無比耐性。

特別感謝在我許多方面亂成一團時幫我解決問題的人：格瑞成・拜倫（Gretchen Byron）、卡洛琳娜・迪魯羅（Carolina Dilullo），海倫・拉克森（Helen Laxson），瑪麗・恩德斯（Mary Endes）、法蘭克・馬丁（Frank Martin）、琳達・方曼（Linda Fangman），以及傑茜卡・迪尼斯（Jessica Dennis）。

塔瑪・吉甫斯（Tama Kieves）和佩姬・布萊克莫（Peg Blackmore）：妳們是我的鼓舞與專業支援團隊。妳們給了我母親般的善意和溫暖的理解。

以下我親愛的朋友們給了我愛、微笑、擁抱和鼓勵：凱伊・布蘭特（Kay Brandt）、凱特・海德（Kate Heit）、吉姆・顧若沃特（Jim Gronewold）、金姆・孔德洛賀（Jim Conderohe），以及薩克曼諾批薩店（Saccomanno）工作人員：黎明時分用親切微笑歡迎我的法蘭克林（Franklin）、從吝嗇鬼到大好人都一視同仁的法蘭科（Frank）、超級英雄吉安娜（Gianna），以及活力十足的安東尼（Anthony）。我還有給我五年級的玩伴吉米・何旭（Jimmy Hirsch）一個電子擁抱和感謝。

另一個特別的感謝要給研究初期協助我的「應用研究顧問公司」（Applied Research

Consultants）的艾莎爾・克勞斯—芬恩（Ethel Kloos-Fenn）。我愛妳，也想念妳。

謝謝爸媽教我堅持不懈與良好的工作倫理，以及為信念而奮鬥。「跌倒就爬起來」確實影響了我。

最後要深深感謝的是我所有了不起的病人和受訪者，他們付出自己的時間和心理，分享了個人故事，使其他人可能因而獲益。我不能說出妳們的名字，但妳們都知道書中誰是自己。這本書若無各位具有啟發性的親切鼓勵，是絕對寫不出來的。

目錄

前言

我們和母親的關係自呱呱墜地那一刻開始。我們在她面前呼吸人生第一口氣，展示出最初的依賴，以及人類對於保護和關愛的渴望。我們在她子宮中和產床上時原為一體。這個女人，我們的母親，不論她是怎樣的人或不是怎樣的人，給了我們生命。我們出生那一刻，以及之後——所有時間與她的關係，對於我們終生福祉都有巨大的心理影響。奇怪的是，我從來就不想相信這一點。

首先要說的是，我自己作為一個女權運動時代的母親，並不希望母親們和女人們承受太多責任，或成為一旦事情發展不如人意時的眾矢之的——孩子人生的塑造當然還受許多母教以外的因素所影響。其次，我也不想面對一個孩子沒有母親的感覺，就像我和我自己的生命所受到的破壞性影響。要辨識出這一點，意味著我必須面對事情的真相。

進行研究的多年中，我讀了許多討論母女情結的書。我每讀一本不同的書，都會不自覺地潸然淚下。因為我根本想不起任何依戀、親近、母親的香水味、她皮膚的觸覺，她在廚房唱歌的聲音、被她抱在臂彎中搖動、擁抱和安撫時，得到的慰藉、智慧的啟發，以及她讀書給我聽時的愉悅。

我知道這不合乎常理，但就是找不到一本書解釋這種失落，弄得我神經兮兮地。這是我的幻覺嗎？或者只不過是記性太差而已？我找不到書解釋這種感到缺乏母愛的現象可能是真的，以及世界上確實有一種沒有母愛的母親。我也找不到任何書討論女兒對母親的矛盾感情、那種受挫，甚至帶有恨意的愛。原因是好女孩不應該恨母親，不能談論這些不好的感覺。大多數文化中的母親角色都是神聖的，因此通常不從負面角度來談論。當我決定寫一本書討論「無法給予女兒母愛」的母親、及其造成小女孩和成年女兒的痛苦時，我覺得自己彷彿正在打破禁忌。

閱讀有關母女情結的書，總是帶給我深沉的失落和自己獨自受苦的恐懼。專家們寫過母女關係的複雜性及其如何造成衝突和矛盾，但是我的感覺是另一種——那是一種空洞、缺乏同理心和興味，也沒有被愛的感覺。多年來，我一直對此不解並試圖加以合理化。家裡其他人和好心的心理分析師用各式各樣的理由來解釋。我就像好女孩那樣，設法找理由並認為錯都在己。直到我開始了解情緒上的空洞是自戀型母親對女兒造成的一種情緒特徵，我才開始感覺自己是一個完整的人。我對自戀型母親了解得越多，我過往的經驗、悲傷，以及記憶空缺才有了意義。這種了解是我開始找回自己對於身份的界定，而不是母親對我的認定。我的人生變得較有重心，站得較穩，不再像個隱形人，也用不著用另外一張臉處世。如果沒有這種了解。我們將胡闖亂撞、犯錯連連，深覺自己沒有價值，因而傷害自身和生命。

寫這本書是多年研究及一趟回到童年的精神之旅累積的結果。我還是小女孩時，就知道有什麼事不太對勁，雖然感到沒有母愛是不正常的，但不知道原因何在。我希望自己這本書能幫助其他女人了解那些感覺——以前與現在——都不是她們的錯。

這不是說我要妳們怪罪母親。這趟旅程不在投射氣憤、怨懟或狂怒，而在於尋求了解。我們希望療癒自己，就必須對自己和母親都釋放愛與寬恕。我不認為有人犧牲有什麼意義。我們要對自己的生活和感覺負責。要健康，我們首先必須了解作為自戀型母親女兒的經驗，然後才能在復原的道路上繼續前進，使我們人生一切事情有其充分的意義。不了解母親和她們的自戀性格對我們造成的影響，我們就不可能復原。

我們一直被教導要以壓抑與否認自己的困惑，但我們必須面對自身經驗的真相——我們渴望母愛溫暖，這種渴望不會被滿足，而我們「希望」改變，並無法令事實「產生」改變。還是女孩時，我們被教以用積極正面的眼光看待家人互動，雖然我們知道自己生活在陰影下。通常我們的家庭在外人眼中看來確實不錯，但即使我們感到有什麼事不對勁，我們也被告以「這不算什麼問題」。只是那樣的情緒氛圍和虛假足以讓人發瘋。微笑，可愛一點，表現得像每件事都很好。聽起來是不是很耳熟？

如今，每當我與其他自戀型母親的女兒們談到類似的內心情緒世界時，依然會有驚訝之感。我們可能生活方式不同，外界看到的我們的表現也可能不一樣，但內心深處，我們搖晃著同樣的情緒旗幟。我最大的願望就是這本書能讓妳認識並肯定自己的深沉情緒，讓妳覺得今天的自己是一個完整、健康而真實的人。

寫此書時，我內心有很多掙扎奮戰。首先，因為我是心理分析師而不是作家，我得相信自己有能力做這件事。其次，比較有趣的是，我得跟母親談論這件事。我這麼跟她說：「媽媽，我需要妳幫忙。我正在寫一本關於母女的書，需要妳提供一些內容、建議，並且讓我使用一些個人資料。」我母親，簡直讓人受不了，竟然說：「妳幹嘛不寫一本關於父親的書？」當然，她擔心被寫成壞母親，而那是很有可能的。不過，她還是同意了我做這件事，或許因為她試圖了解這本書無關指責，而是為了療癒。

我必須承認自己曾希望她會說許多其他的話，像是「有沒有什麼事情，我們需要一起談談或努力的？」「妳還有童年留下的痛苦嗎？」「我們現在可以做什麼來補救嗎？」「我們可以一起療癒嗎？」結果一樣也沒發生。不過，經過這麼多年的努力療癒之後，我明白不必期待她有能力發出這麼有同理心的詢問。我心存感激，自己能夠鼓足勇氣，讓她知道有這本書——老實說，我確實掙扎了一陣子才能做到。我一生中有段時間，想都想不到有這種可能。

不知怎地，在決定冒險從自己的角度寫這本書以後，我覺得往前邁步簡單多了，真誠地談談自己的經驗和研究也比以往容易。雖然如果從純粹臨床角度來寫，我在情緒上會比較有安全感，但我希望自己身為一個自戀型母親之女的經驗，可以讓妳知道我確實能了解妳的問題，因為我也曾處於同樣的情境。

我將此書分為三部份，跟我幫病人進行的心理治療階段一樣。第一部份解釋自戀型母親所產生的問題。第二部份顯示這個問題產生的影響，諸多副作用，及其在女兒生活方式上扮演了怎樣的角色。第三部份是按圖索驥，達到復原的目的。

現在，我邀請妳跟我一起了解妳自己和妳的母親。這段旅程不會愉快，也不會輕鬆。妳首先會拒絕承認有這種事，也會產生難以接受的感覺，變得毫無招架能力，也會面對一些妳可能不喜歡的自我特質。這是一種情感承諾。有時候妳會覺得好笑；有時候，當妳試圖了解自己的經驗並為傷痛找到出口時，妳會感到深沉的悲哀。藉由這樣做，妳會改變扭曲的母愛傳承，為妳的兒女和孫輩帶來從此以後、截然不同的關愛方式。妳能誠實反思自己的生活模式，最後就能更喜歡自己，並且在為人父母、親密關係，以及生命各方面都處理得更好。

情感傳承跟基因遺傳一樣，在所有人不注意的情況下代代相傳。有些「傳下來的東西」溫暖美好，令我們心存感激，但有些東西則令人傷心，有破壞性的後者必須被中斷。我們要停止這類傳承。我從扭曲的母愛傳承中復原後，可以說我已有過這種完整的經驗，有能力幫妳改變妳的傳承。

歡迎妳與我一起讀下去。和我一起坐下來，一起討論，一起哭，一起笑。我們一起來處理妳情感傳承的真相。即使以往經常「全都跟媽媽有關」，但現在輪到妳做主了。這段旅程跟妳有關——這個「妳」，可能妳從未發現，或甚至不知道存在過。

PART 1
妳的媽媽
真的有公主病嗎？

Chapte 1
什麼是自戀型人格？

曾經有個小女孩，額頭中央有個鉤，她就算規規矩矩，依舊被嘮嘮叨叨。

——愛倫・葛洛布博士（Elan Golomb, Ph.D），
《困在鏡中》（Trapped in the Mirror）

有許多年的時間，不論我到哪裡，總有一群嚴厲的批評者如影隨形。我不管嘗試完成什麼，他們總會說我無法勝任，永遠都不能把事情做好。

如果我在新春大掃除，或努力整修家裡某個地方，他們會對我尖叫：「這個房子永遠不會變成妳想要的樣子。」我運動時，他們會嘀咕：「不管妳多麼使勁，妳的身體就是在垮下去，妳是個廢物。妳不能舉得更重嗎？」我想做個財務上的決定，他們會對我吼：「妳一向就是數學白痴。現在妳把自己的財務弄得一團糟！」這些住在我心裡的批評家在談到我與男人的關係時尤其出言不遜，他們會在我耳邊低語：「妳看不出自己注定失敗嗎？妳總是選錯男人。為什麼妳不乾脆放棄呢？」最傷人的是，當我跟兒女之間出現問題時，他們會用刺耳的聲音宣布：「妳的人生抉擇已經害了孩子，妳應該感到慚愧！」

這些持續否定的聲音讓我片刻不得安寧。它們高談闊論、喋喋不休，用下結論的方式貶低我，使我不論多麼努力也無法成功，無法做到最好。它們使我內心極度敏感，以致於經常覺得別人像我自己一樣在嚴厲批判我。

最後我了解，這些「批評家」正在從情感上摧毀我，因此我決定離開他們，這是一個攸關生死而不能不重視的問題。幸運的是，這項決定促成了我的復原，也有助我的研究、臨床看診，以及寫出這本書。

我決定內在批評家必須離開後，第一件要做的事就是弄清楚他們究竟來自何處。身為心理分析師，我揣測他們或許跟我的原生家庭過往有關，但我的背景看來並無問題。父親家族源自篤實的荷蘭、德國、挪威及瑞典傳統：工作認真，沒有過份邪惡的個性或明顯的虐童記錄。我那自我保護的抗拒心理，讓我想起從小頭上就有一個保護網，穿的衣服、吃的東西都有人管。我的問題究竟在哪裡？我下定決心要找出來。

我為何對自己毫無把握？

我從事心理治療已經二十八年，服務了數百婦女和家庭，讓我得以在設法揭開自己內心之謎時從臨床經驗中蒐集資料。我協助過眾多跟我有同樣症狀的婦女。這些症狀是：高度敏感、猶豫不決、過度自覺、不相信自己、親密關係難以順遂、不論成就多高也沒有自信，以及在很多情況下都沒有安全感。

我有一些病人在其他治療師那裡徒勞無功了許多年，或買了大批自助書籍，卻總是無法找出自己痛苦的原因。向我求診的人形形色色，有位高權重的成功專業人士和執行長、有單純的家庭主婦，也有染上毒癮而靠救濟金度日的母親，還有公眾人物。但是就像我自己，這些求診者總覺得生命中缺少某樣東西，而這個東西似乎跟他們扭曲的自我形象，以及不斷攪擾他們成人歲月的不安全感有關。就像我一樣，他們覺得自己永遠不夠好：

五十四歲的珍說：「我對自己總是存疑。我重複思索講過的話，揣測是否可以用另一種方法處理，要不就是深感羞慚。大多數時間我了解自己毫無道理不自在，但卻總是有那種感覺。我真的非常擔心別人如何看我。」

三十五歲的艾芙琳說：「人們經常稱讚我的成就——我的傳播學碩士學位、我成功的公關事業、我寫的兒童讀物——但我似乎無法讓自己接受可能該得的榮耀，反倒會為自認做得很差、或應該做得更好的事情責備自己。我非常懂得激勵朋友，但為什麼無法激勵自己呢？」

六十二歲的蘇珊說：「我已告訴丈夫，我死時，可以為我刻下這樣的墓誌銘：她努力過，她努力過，她努力過，她努力過，然後就死了。」

多年研究和臨床工作後，我開始看到，我與眾多女性求診者共有的症狀其實源於心理學稱為「自戀」的問題——更明確地說，源自母親的自戀。大多數自戀方面的書都跟男性有關，但當我檢視自戀的定義時，有些地方觸動了我。我了解到，有些母親極有情緒需要，而且浸淫在自己的問題中，以致於無法給女兒們毫無條件的愛與支持。我看出來，求診者和我跟自家母親的困難關係，很清楚地涉及自戀型母親。

我越來越清楚，我自己的生命，以及那些沒有安全感、覺得空虛的女性求診者的生命中所缺少的關鍵因素，正是我們迫切需要卻沒得到的：來自撫育和理解的母愛。而我們的母親也可能不曾從她們的母親那兒得到這種母愛。也就是說，這種扭曲的、關於愛的痛苦經驗是代代相傳的。我對自戀的傾向、及其在母女關係中產生的作用了解得越多，就越發堅定決心，一定要幫助所有自戀型母親的女兒們了解問題、相信自己、愛自己。

這本書是在不怪罪自戀型母親的前提下，解釋自戀如何發揮作用，並提供妳防禦策略。療癒來自理解和愛，不是責備。當我們了解母親所面對的「愛的障礙」，而這種障礙使她們無法給我們母愛，我們就能開始採取確定自身福祉的步驟。妳的目標是了解，然後自己負責，達到療癒的目標。

閱讀本書，妳會學到愛自己，也愛母親。這個過程之初，妳可能有受傷之感，會悲哀、生氣，甚至憤怒。這些反應都是正常的，這是邁向復原之路的重要步驟。慢慢地，當妳越來越了解母親的自戀情結時，妳就能擁抱一種新的愛，不是妳身為「自戀型母親的女兒」所受到的、扭曲的愛。

為什麼要聚焦在母親和女兒之間？

男孩和女孩受到自戀型父母撫育時的情感創傷不一樣。不過，母親是女兒發展成獨立個人以及扮演愛人、妻子、母親、朋友的主要學習對象。自戀型母親的各方面表現較會以特別隱晦的方式傷害女兒，由於母女互動很特別，自戀型母親的女兒會面對其兄弟沒有的特殊掙扎。

自戀型的母親視女兒比兒子更像自己的縮影，而不是一個有獨立身份的個人。她對女兒施壓，要求對方的行為與對外界的因應方式，要完全照自己的方式，而不是女兒覺得恰當的方式。因此，女兒總是掙扎著要找到「正確的」方式回應母親，以贏取她的愛與肯定。女兒不了解，那取悅母親的行為其實是沒有標準的，完全由母親尋求自我肯定的考慮而決定。最具傷害性的是，自戀型母親永遠不會因為女兒只想要做自己而肯定對方，但女兒又迫切需要能夠做自己，才能長成為一個有自信的女人。

童年得不到母親肯定的女兒會認為，自己沒有活在世上的價值，而且她所有的努力都會徒勞無功。她竭盡所能要跟母親建立真誠的關係，卻總不成功，於是認為這種幾乎無法取悅母親的問題出在自己身上。這種結論令她認為自己不值得被愛。

女兒對於母女之愛的認知產生扭曲，她覺得自己必須注意母親的需要而不斷取悅母親才能「贏得」緊密的母女關係。不用說也知道，這種情況跟感到被愛是不一樣的。自戀型母親的女兒覺得她們對於愛的印象是扭曲的，但她們不知道什麼才是真正的畫面。這種早期學來的「愛的方程式」——取悅別人而沒有回報——對於女兒未來的親密關係會產生深遠的負面影響。我們在後面的章節會談到。

什麼是自戀？

自戀（narcissism）這個名詞來自希臘神話中溺水化成水仙的美少年納希瑟斯（Narcissus）。他俊美、高傲、只顧自己——也愛上自己的模樣。他無法跟池中自己的影像分開而跟別人發生親密關係，最後被自戀摧毀。他死於緊緊注視水中的自己。在日常生活中，我們稱那些傲慢的、只顧自己需要的人為自戀者（Narcissist）。相反地，愛自己或看重自己則是指對自己有一種積極正面的欣賞，同時仍舊有能力愛別人。

《心智失調診斷和統計手冊》（*The Diagnostic and Statistical Manual of Mental Disorders, DSM*）描述自戀為個性失調，具有以下九種特質。自戀是一種光譜式樣的失序，也就是說其症狀從極少幾種特性到全然的個性失序都有。「美國心理協會」估計全美約有一百五十萬婦女屬於自戀式的個性失序。即使如此，未治療的自戀狀況更為普遍。事實上，我們大家多少都具備這些特質。光譜較低的末端是完全正常的人。但如果妳的情況在光譜另一端，那麼越趨向末端就會面對越多問題。

以下就是九種自戀特質，包括該特質如何顯現在母女關係中的例證。這些自戀性格是：

1. 具有宏觀的自認重要的感覺，例如誇大成就與才藝，期待在成就不足時仍受到高人一等的待遇。

例：母親只談自己與自己的事，從來不關心女兒和女兒的事。

莎莉討厭將朋友介紹給母親。因為母親永無止盡地談她在兒童醫院做義工，給別人醫藥上的指點，並且彷彿自己是醫生似地談論醫療問題。聽她講起來，好像她已經拯救了許多生命。

2. 先入為主充滿無限上綱的成功、權力、卓越、美麗，或理想愛情的奇想。

例：母親相信自己的家事服務員的工作會透過她盛名在外客戶的努力而廣為人知。美利的母親不斷談到她重要的客戶以及他們多麼需要她和欣賞她，而且她如何相信自己很快就會跟其中一位出現在一部電影中。

3. 相信自己「與眾不同」與獨一無二，只有其他與眾不同或高成就的人或機構才會了解自己，而自己也只應該與這樣的對象來往。

例：母親帶家人外出用餐時以君臨天下的姿態對待侍者。卡莉說，全家出去吃飯時如果有母親在，總會讓她很難為情，因為母親的表現彷彿自己是夜店女王。

4. 需要過度讚美

例：母親為妳做的每件事都要求得到讚美、感激以及頌揚。珍妮的母親偶爾會去看外孫踢足球，但每次她出現，都期待珍妮一家感激她為此犧牲自己的時間。她總是把「我為孩子做的一切」掛在嘴邊。

5. 有「理所當然」的傾向，換句話說，會毫無道理地期待享受特權、或別人主動配合其要求。

例：母親覺得自己太重要，不應該像別人那樣排隊。瑪西的母親喜歡賭博，雖然她很明顯不是行動不便，但她一去到賭場就會要求一張輪椅，以便可以被推到最前面。在超市裡，她會站在走道中間對陌生人說：「妳能幫我找到這個東西嗎？」

6. **掠奪式的交往方式，換句話說，利用別人來達到自己的目的。**

例：母親只結交能夠幫助她達到自己人生各種目標的「朋友」。莎拉的母親談論朋友時的用字遣詞，總是朋友能夠幫她做什麼，而不是朋友讓自己喜歡的地方。她母親最近與一位診斷得了狼瘡的朋友絕交，因為她擔心此人會對自己有所要求。

7. **缺乏同理心：不願意承認或理解別人的感覺和需要。**

例：母親會立即重述女兒告訴她的任何故事，並指出述說這件事的正確方式。甘迪絲在母親面前說任何事都不可能不受到糾正、批評，或某種方式的貶抑。

8. **容易嫉妒別人，或認為別人嫉妒她。**

例：母親說自己沒有女性朋友，因為「大多數女人都嫉妒我」。

蘇怡的母親相信自己艷光四射，因此對其他女人形成威脅。她經常掛在嘴邊的一句話，是法國化妝品「萊雅」早年廣告中一名美麗女模說的「別因為我美就恨我」。

9. 顯露出傲慢、自負的行為或姿態

例：母親相信她的子女太優秀，所以不能跟那些欠缺奢華物質的孩子玩耍。

賈琪的母親只准她跟有錢人的孩子一起玩，因為對於她生活富裕的孩子來說，大多數人都「不夠好」。

以上九種特質中，每一種表現出來的都是「我才是主角」和「妳不夠好」。自戀型母親缺乏同理心，無法展示愛意。她們有一個很表面的情感生活，她們的世界以形象為中心，在乎別人的眼光。如果妳母親展示以上很多特質，妳可能會覺得她不太了解妳，因為她從來不花時間注意真正的妳。我們這些擁有自戀型母親的女兒認為自己必須時時待命，照顧她們的需要、感覺、慾望，即使妳還是孩子時也一樣。我們覺得，如果不那樣做，母親就不會在乎我們。

做女兒的如果沒有得到母親的理解和愛，就會缺乏一種真正的情感連結，因而感到生命中少了某種東西。她最重要的情感需要是欠缺的。一些嚴重的自戀型母親情況涉及了忽

視或虐待子女，也就是連基本為人父母責任都沒做到。比較輕微的情形裡，女兒在成長過程中會感到莫名的空虛與失落。我的目標是幫妳了解其中原因，並使妳心靈得到自由、自我感覺得到改善。

當母女關係不親密的時候

我們走過成長的各個階段時，如果受到父母的養育與關愛，就會在安全感中漸漸長大——我們的情感需要得到了滿足。但是一個女兒如果得不到這種養育，成長過程中就會缺乏情感自信和安全感，因而必須自己找出獲取這些感覺的方法；但是如果她一開始不知道何以總有空虛感的話，這點是很難做到的。

在正常情況下，母親會與嬰兒互動，對孩子的每一個動作、表達，以及需要做出回應。她因而培養了一種信任和愛的連結。孩子學會相信自己能從母親那裡得到身體上的需要、情感的溫暖、同情，以及認可，使她得以發展出自立自強的能力。但是一個沒有同情心的母親無法跟女兒之間發展出緊密連結，她只在符合母親最大利益時才為女兒做事。這個女兒就會在懷疑自己的情況中長大，擔心被拋棄，預期在人生任何轉彎處都會被佔便宜。

蓋娥告訴我的一個夢境，說明了母親過度自戀所造成的驚人效果。她一生中不斷出現這個夢，從兒時到成年都受到夢境的攪擾。

我正在夏天的草原上跳舞，腳下鋪滿野花，頭上有大樹遮蔭。草原上的草長得很高，吟唱的小溪穿流其中。我看到空地上有一匹美麗、神采奕奕的母馬，牠正在吃草，並未被我的接近而打擾。我開心地跑向牠，期待牠會對我報以感激的嘶叫聲而接受我從附近摘下的一顆蘋果。可是她不僅忽視我和蘋果，還狠狠地在我肩膀咬一口，然後若無其事地繼續低頭吃草。

蓋娥敘述了這個故事以後，悲傷地對我說：「如果我自己的母親無法愛我，還有誰會愛我呢？」

蓋娥逐漸了解，她夢中的母馬代表了她渴望一個夢幻母親，那個她但願自己擁有的母親；也代表了她真實的母親，那個通常對她置之不理，不提供她所需關愛和肯定的母親。

人類天性很自然地會渴望一位完完全全喜愛妳每件事的母親，希望能將頭靠在母親胸前，感受到她的憐愛所帶來的安全感和溫暖。妳會想像當妳需要她時，她會說「寶貝，我就在這裡。」我們需要的不只是遮雨的屋頂、吃下的食物，以及身上穿的衣服；我們需要一個能夠信任的、愛我們的父母。

我六十歲的客戶貝蒂表示，她仍然希冀自己能有一個好母親，但其實很久以前就已不認為會有結果。「我之前會哭著入睡，但願自己有那樣的母親來愛我，為我煲一鍋湯。」

美麗的賽蕊娜今年三十歲，是我女兒的朋友。她曾跟我聊到母親，也告訴我她在進行的治療。她將自己對於母愛的渴望濃縮成一句話：「我跟治療師說話時，有時候就想跳到她腿上，跟她一起窩在沙發裡，假裝她是我從未擁有的媽咪。」

蓋娥、貝蒂和賽蕊娜的感覺是自戀型母親的女兒們渴求母愛的典型特點。當妳從自戀型母親問題及從其影響中跳脫而恢復正常時，妳會對自己有一種正向的欣賞和喜愛，也知道如何填補那老舊的情感空白。

迎接希望，告別否定

目前母親這個角色在我們的文化中依然是理想化的，這種現實特別讓自戀型母親的女兒難以面對過去。大多數人都很難想像會有母親無法愛護和撫育孩子，當然也沒有女兒願意相信自己有那種母親。母親節是美國最廣泛慶祝的節日，頌揚一個無法摧毀的實體。母親通常被假定會對子女徹底奉獻，而我們的文化仍然期盼母親無條件地、充滿愛心地照顧家庭，並且是子女生命中永久的精神支柱，隨時待命，永遠可靠。

雖然大多數母親不可能符合這種理想化的期待，但這種期待將母親的角色置於英雄位階，使批評難以接近。因此，任何孩子或成年的孩子如要坦誠檢驗和討論母親，都會遭遇內心的折磨。對那些母親離「聖人般母親典型」十萬八千里的自戀型母親的女兒而言，困難度就更高了。把任何負面特質加到母親身上會攪擾我們已經內化的文化標準。好女孩學到的是否認或忽視負面感覺，配合社會和家庭期待。對於母親存有負面感覺是不被鼓勵的。沒有一個女兒願意相信自己的母親冷酷無情、不誠實或自私。

我相信幾乎所有的母親對女兒都心存善意。不幸的是，有些母親就是欠缺將美意化為女兒一路成長亟需的周到的支援。在一個不完美的世界，即使本意美好的母親也可能不小心在無意間傷了一個無辜孩子的心。

我們這些女兒們一旦開始面對自戀型母親對我們的影響，就可開始找出此生已經發展出來的困擾我們的情感模式。妳可以藉著面對以下這些難題而勇敢地檢視過往，得到療癒。

1. 我為什麼覺得自己不可愛？
2. 我為什麼永遠覺得自己不夠好？
3. 我為什麼覺得如此空虛？
4. 我為什麼總是懷疑自己？

妳可以有較好的自我感覺，並找到一個更好的生活方式。妳可以了解自戀型母親對妳造成的影響，並決定不理這種影響而自我栽培，養成良好的自我感覺。妳也可以防止子女承受妳經歷過的痛苦。每個女人都理當感到值得被愛。我希望，隨著妳逐漸了解自戀型母親如何對待女兒，隨著妳從讀到的這些故事和建議裡汲取支援，妳會獲得力量，不再受困於渴求那永遠得不到的母親。相反地，妳將能夠滋養和愛妳自己這個女人。

因此，在妳繼續讀下去之前，請先回答下面這個調查表上的問題，以便更清楚地了解妳自戀型母親所產生的影響。即使她沒有涵蓋自戀人格發展出來的全部九種特質，她的自戀問題無疑還是傷害了妳。

問卷

妳母親有自戀特質嗎？

自戀型母親特質若是不多，對女兒造成的負面影響是隱性的。（勾出所有適用於妳與母親關係的陳述——不論是現在還是以往）

☐ 1. 妳與母親討論生活話題時，她會將焦點轉往她自己嗎？

☐ 2. 妳跟母親討論妳的感覺時，她會設法把她自己的感覺加諸其上嗎？

☐ 3. 母親嫉妒妳嗎？

☐ 4. 母親對妳的感覺缺乏同理心嗎？

☐ 5. 母親只支持妳做那些彰顯她是好母親的事嗎？

☐ 6. 妳會經常覺得跟母親不親嗎？

☐ 7. 妳會經常懷疑母親究竟喜不喜歡或愛不愛妳嗎？

☐ 8. 母親只在別人看到時才為妳做事嗎？

☐ 9. 妳生命中有狀況（車禍、生病、離婚）發生時，母親的反應是此事如何影響她，而不是關心妳的感覺嗎？

☐ 10. 母親過度在乎別人（鄰居、朋友、家人、同事）的觀感如何嗎？

☐ 11. 母親否認自己的感覺嗎？

☐ 12. 母親責備妳或別人，而不會為自己的感覺或行為負起責任嗎？

☐ 13. 母親內心容易受傷，而且長久擔負著一個未解心結引起的怨靂嗎？

☐ 14. 妳覺得自己是母親的奴隸嗎？

☐ 15. 妳覺得自己必須為母親的病或不適（頭疼、壓力、生病）負責？

☐ 16. 妳孩提時就必須照顧母親的身體需要嗎？
☐ 17. 妳覺得不被母親接受嗎？
☐ 18. 妳覺得母親總是挑剔妳嗎？
☐ 19. 母親在場時，妳覺得無助嗎？
☐ 20. 母親出現會讓妳羞愧嗎？
☐ 21. 妳覺得母親認識真正的妳嗎？
☐ 22. 母親表現得像是世界應該繞著她轉嗎？
☐ 23. 妳覺得很難離開母親獨立而活嗎？
☐ 24. 母親想控制妳的選擇嗎？
☐ 25. 母親的情緒會從自負轉到沮喪嗎？
☐ 26. 母親在妳眼中很假嗎？
☐ 27. 妳還是孩子時就覺得必須照顧母親的情感需要嗎？
☐ 28. 妳覺得母親在旁時就會被她控制嗎？
☐ 29. 妳覺得母親評價妳是基於妳做的事，而不是妳這個人嗎？
☐ 30. 母親控制別人的方法和行為方式，都像是一個犧牲者或烈士嗎？
☐ 31. 母親要妳表現得跟妳真正想的不一樣嗎？
☐ 32. 母親會跟妳競爭嗎？
☐ 33. 母親總是要人家按她的方法做事嗎？

註：以上全部的問題都跟自戀特質有關。妳勾起的問題越多，妳母親就越可能有自戀特質，而這個事實已經對妳身為女兒與成人造成某種困難。

Chapte 2
媽媽口中那個糟糕的女兒，真的是在講妳嗎？

成年婦女可能會探索並找到自己的價值，最終可以肯定自己的重要性。但在從女孩發展到女人的不穩定期間，女孩需要有人幫她決定自己存在的價值——這件事上沒有人可以做得比母親更好。

——珍・華登（Jan Waldron），
《送走西蒙》（Giving Away Simone）

妳若成長於一個自戀型母親主宰的家庭，成年後每天都會盡最大努力當個「好女孩」，把事情做對。妳相信，如果妳盡可能取悅別人，就能得到妳渴望的愛與尊重。只不過妳仍然會聽到內心熟悉的聲音發出負面訊息，降低了妳的自尊和自信。

如果妳是自戀型母親的女兒，這一生很可能會不斷聽到內心重複以下的訊息：

1. 我不夠好。
2. 人家從我做的事、而不從我的個人身份，來決定我的價值。
3. 我是沒人愛的。

這些訊息之產生，是因為妳年復一年聽到以下自我貶抑的訊息；而這些負面訊息則源於幼年缺乏情感滋潤。

1. 妳覺得內心空虛和普遍的不滿足。
2. 妳渴望在真誠、有血有肉的人身旁。
3. 妳的情愛關係一直不順。

4. 妳擔心自己會變得跟母親一樣。
5. 妳很難信任別人。
6. 妳覺得自己欠缺模仿對象，一個成為健康、適應良好的女人所需的模仿對象。
7. 妳覺察到自己的情感發展滯礙難行。
8. 妳覺得很難離開母親獨立。
9. 妳覺得在母親身邊很不自在。
10. 妳覺得很難開創一個真正屬於自己的人生。

即使妳僅經歷過少數幾種感覺，妳需要承受的焦慮和不適也已經很多。妳對跟自戀型母親有關的母女互動了解得更多，妳就更清楚何以自己會有那些感覺。

由於多年從事關於自戀型母親的研究，我得以找出因自戀型母親而產生的十種普遍發生在母女之間的問題。妳可能對這十種描述都心有戚戚，也可能只認同其中若干，要看妳母親在自戀光譜上的位置而定，也就是說她可能只有少數幾項自戀特質，也可能是徹底的自戀型人格失序。

我們來看看這十種跟自戀型母親有關的母女互動模式。我稱其為「十根毒刺」。為了讓我們更容易了解這些互動方式如何在真實生活中發揮作用，我用臨床診療的病例和流行文化中的現象來解說。

十根毒刺：與自戀型母親有關的母女互動模式

一、妳發現自己總是試圖贏取母親的關愛、注意和認可，但是從來不覺得自己能夠取悅她

女兒不論年歲多大，都希望取悅自己的母親，得到她們的認可。人生早期，兒童得到注意、關愛和肯定是很重要的——但是這種認可需要針對孩子是獨立個體來對待，而不是父母的期待。不過，自戀型母親對女兒高度嚴苛，從來不會就她們真實的面貌肯定她們。

如果紐約市麥迪遜大道需要一幅針對自戀型母親的女兒們所做的廣告，我的病人珍妮佛或許可以提供廣告上需要的完美形象。我們第一次諮商面談中，她覺得自己好像站在街口，舉著一個牌子，上面寫著「為愛無償工作」。珍妮佛回想自己經常辛苦設法取悅母親，

但下面這則童年故事說得非常清楚。

有一天在一家百貨公司裡，她看著母親注視著一個漂亮的零錢包，知道母親多麼想要那個小包。雖然自己才八歲，但她發誓要買來給她，而那個錢包所費不貲。她連續幾星期不吃午餐，最後終於存到足夠的錢買下那個雅緻的錢包給媽媽。她用一張閃亮的紅紙把禮物包起來，將這份驚奇留到聖誕節。聖誕節早晨，她興奮地等著看母親對於禮物的反應，但結果卻讓自己完全崩潰。母親指控她偷東西，將錢包扔到屋子另一端，尖叫著：「我不要小偷給我的禮物！」

敏蒂形容自己是「邋遢一族」而母親則是「清潔女王」。她告訴我：「我試過好多年要讓自己整潔與條理井然，以便得到母親的肯定，但我就是不像她。我是那種比較感性與隨性的左腦型人士，我設法把事情弄得有條有理，但雜亂無章總是不如人意地出現。也許我是有創意的人，但她不喜歡那樣。現在我已經五十歲了，媽媽來看我時，如果看到報紙散落在客廳地上，她還是要數落。」

麗涅特從來沒有得到母親的認可。她媽媽是很有成就的鋼琴家，麗涅特竭盡所能只想跟她一樣。雖然她花了很多年學習鋼琴，也開過演奏會，但她就是無法達到母親的期望。她告訴我：「母親還是會在我彈錯時出聲責備。」麗涅特一度以為她找到的真命天子或許會改變一切。「當我遇到我先生時，我對自己說，等她看看此人再說。她一定會喜歡他，而且會高興我找到這個人。我那時希望她喜歡他，最後也會給我一份我需要的認可。但母親見過他以後，卻問我是否真的認為這人可愛，因為她覺得對方看來不修邊幅，沒有她所期待的體面外表。」

布里姬德記得自己送母親節禮物以證明自己的愛。她特別為自己在一個母親節送的雋句掛飾而難過。掛飾上面寫著「世上最棒的母親」。不過，「媽媽其實並不喜歡。她掛了幾天就拿下來還給我。媽媽說那東西跟她重新裝潢的廚房風格不搭調。我現在還留著它。總之，我過了一陣子就放棄努力了。」

二、母親看重自己的觀感，勝過妳的感覺

「看起來好，比感覺好更重要」幾乎是自戀型母親的共同原則。在朋友、家人和鄰居間有面子，而非自己內心感覺良好，這是她覺得最重要的事。自戀型母親將妳視為自己的延伸，如果妳看來很好，那麼她看來也好。表面上看來她是關心妳，但最後其實跟她自己以及她給別人造成的印象有關。妳的外表和行為對她之所以重要，只因為那反映了她貧乏的自我價值。任何時候只要妳不是被展示或別人看不到，在她眼前也彷彿不存在。悲哀的是，對她而言，妳內心感覺如何真的不重要。

二十八歲的康斯坦絲告訴我：「我生活上的所有的事，母親都要管：我太瘦、我穿的衣服、該染的頭髮顏色、甚至我的職業。我十五歲時她就開始幫我化妝，說『男人會離開不打理自己的女人。』我如果不同意她的品味，她就貶低和挑剔我。即使現在我已經成年，每次回家都得確定自己符合『母親的眼光』。去看她之前，我幾乎要餓兩週才能達到她認可的纖細。」

葛蕾蒂分享她童年時母親有意表現好媽媽的時刻。「可是她總是沒法子抱著我安慰我。高中有一次我在學校戲劇表演選角時落選了，我覺得很挫敗，渴望有人抱抱我。我以為她會為我難過，可是她並未展示同理心，反倒作出奇怪的決定。她上街幫我買了高筒靴，得意的宣布，如果我內心不爽，至少第二天到學校可以看來很開心。現在我懷疑她或許才是因為我落選而感到難為情的那個人。」

三、母親嫉妒妳

母親通常以子女為傲，希望她們發光發亮。但是一個自戀型的母親可能視女兒為威脅。妳可能注意到，任何時候人們對於母親的注意力轉到妳身上時，妳就會受到報復貶抑，以及處罰。自戀型母親可能因為許多原因而嫉妒女兒：她的外表、物質條件、成就、教育，甚至是女兒跟父親的關係。女兒特別難以接受這種嫉妒，因為這裡有兩個訊息：「好好表現，讓媽媽自豪，但是不要表現得太好，免得搶了她的鋒頭。」

薩曼莎一直是在家中身材最嬌小的一個。她說，大部份親人都過重，包括母親。薩曼莎二十二歲時，母親把她的衣服從衣櫥裡拉出來扔在臥室地板上，說：「這年頭有誰能穿四號的衣服？妳以為妳是誰？妳一定是有厭食症，我們最好來想想辦法幫妳解決問題！」

三十二歲的菲利絲告訴我：「母親總希望我漂亮，但不能太漂亮。我有個小蠻腰，但如果我繫上一條皮帶露出腰線，她就會說我看來像個蕩婦。」

瑪麗悲哀地說，「媽媽說我很醜，但我又必須在外面看來艷光四射！我曾經入選校友返校日女王名單，母親在她朋友面前表現得很自豪，但反過來又懲罰我。我得到這種讓人發瘋的訊息：真正的我很醜，但我在真實世界又必須反其道而行。是嗎？至今我還沒弄明白。」

艾蒂高中時對於模特兒生涯產生興趣，開始搜尋模特兒學校和訓練計劃的訊息。她拿到幾個地方性百貨公司的模特兒工作，很興奮自己能做自己喜愛的事。可是母親的嫉妒心成了她圓夢的阻礙。媽媽到網際網路上找到一些資深美女選美活動，要艾蒂幫自己報名。艾蒂照做，母親贏了其中一項競賽。第二年他們家的聖誕卡是母親選美的照片，下面加了母親寫的一句關於完成人生願望永不嫌晚的話。艾蒂從來沒跟母親講什麼，但心中十分失望與難為情。她沒有按自己的企圖心追求模特兒生涯，因為覺得與母親競爭太超過了。在心理諮商時想起這段往事，她悲哀地說：「重心從來就不是我。」

五十歲的勞拉是家中最小的女兒，跟父親關係密切。「但是媽媽不希望我總是跟他在一起：感覺好像她在嫉妒我們的關係，因為她總是需要焦點在她身上！她以前會說這樣的話：『妳愛妳父親，不愛我，妳會為他做任何事。』」我認為勞拉媽媽真正的意思是她受到丈夫給女兒關愛的威脅。勞拉告訴我，有一回大家在院子裡種花時，她母親用石頭丟她和她父親。

四、母親不支持妳正面表達自我，特別是當那些內容與她自己的需要起衝突或威脅到她的時候

孩子成長期間需要經歷新鮮事物，並學習就自己喜歡與不喜歡的事物做出決定。這是我們發展出自我感覺的部份條件。自戀型的母親則會控制孩子的興趣和活動，使得孩子只能在母親感興趣、覺得方便或不具威脅性的項目上打轉。這類母親不鼓勵女兒去做真正想

要或需要的事。這種態度甚至延伸到影響女兒是否要有自己孩子的決定。

在電影「親密關係」（Terms of Endearment）中，女兒在晚飯桌上宣布自己懷孕。母親尖叫著跑離飯廳，說還沒準備好當外婆。顯而易見的，女兒的懷孕跟女兒無關，母親的感覺才重要。

跟電影裡的女兒一樣，潔蕊表達自己的能力因母親看不到自身需要以外的事而被壓抑了。潔蕊從小就展露藝術天分，三年級起就開始贏取藝術獎項。後來她因繪畫得獎，獎賞包括一間藝術學校的獎學金。但是她終究沒有享用到這個獎賞。「我一直沒機會用到這個獎學金，因為母親不想開車送我去學校。她覺得那太費事了。」

露比渴望參加學校各種活動，但是當她獲選擔任學校音樂劇的主角時，母親非常生氣，嚷著說：「妳沒有時間參加那些排演！妳要是去，就沒法子做家裡任何事情了。」露比母親要她每天在開始做功課前做完全部家事，更遑論背誦台詞。整個排練時間母親都讓她不好過，但是當表演那晚露比成功演出後，母親為自己所有的朋友開了一個派對，慶祝「我的明星女兒」。沒有一個露比的朋友受邀，母親也忘了對露比稱讚她的表演。

有位母親被女兒的成就威脅到無法說服自己參加女兒的畢業典禮。瑪麗亞告訴我，她母親不參加她大學畢業典禮的理由是那天天氣太熱。瑪麗亞不奇怪，母親從沒將瑪麗亞已故父親留下的信託基金用在她身上，沒照她父親的願望付她大學學費，反倒是自己花掉了。「我必須辛苦工作，讓自己大學畢業，我沒從她那裡得到一分錢。」

五、家裡的一切，要媽媽說了才算

雖然「什麼都跟媽媽有關」（It's all about Mom）是本書的主要內容，但我在這裡加上這些「毒刺」，為了說明這方面有些特別的例子如何在母女關係中顯現。自戀型母親的自我高漲到某種程度，甚至看不出自己的行為如何影響到別人，尤其是子女。

我的母親最近也出現這根「毒刺」，不過現在我知道如何因應。我正在孜孜不倦撰寫此書時，媽媽要我去看她和爸爸的新屋。別說他們最近才來我住處看過我，我還跟她解釋過最近實在太忙，除了寫書，還有全職的諮商工作要做。我很清楚地告訴她，我去看他們最好的時機是我把書寫得差不多時。她這樣回答我：「我們都有目標，有些就是無法完成。妳必須開始做一些正常人做的事。」換句話說，不管我生活中此刻正有多麼重要的事在進行，最重要的是她要我去做的事，也就是去看她。以往這種時候，我必須照著母親的意思做，不管對我的時間表和經濟方面是否方便。感謝上帝，我現在復原了。這回我堅守陣營，告訴她我會等合適的時間去看她。

蘇菲為了憂鬱症看過心理醫生後，大大鬆了一口氣。憂鬱症已經煩了她數月，影響到生活的各方面。醫生開始讓她吃抗憂鬱藥。她終於在長久之後有了很快改善心情的可能性。她告訴母親自己即將開始服用「百憂解」（Prozac），並給母親看醫生的處方藥瓶。母親一把抓過藥瓶，倒掉藥丸，說：「妳怎麼能做這種事？我這個母親做得那麼糟嗎？」

「什麼都跟媽媽有關」有可能成為母親明顯展示與女兒抗衡的競爭心理。潘妮的母親在潘妮婚禮前搶奪通常應該集中在女兒身上的目光。「我在本地一家店鋪看到一套裝糖與牛奶的銀碗，於是告訴家人我打算用收到的婚禮禮金買那些東西。但是一週後我再到那家店去時，東西已經不見了。我沒有多想。到了聖誕節早上，我正跟家人一起拆禮物時，發現媽媽從爸爸那裡得到一套一模一樣的銀碗。原來媽媽要爸爸到我告訴他們的那家店把東西買給她。更過份的是，她用這套銀器在婚前派對上搶了我該得到的鋒頭。南方習俗是在婚禮前舉行一個小茶會，在一張桌子上面展示得到的禮物。母親佈置了一張屬於她自己的展示桌。大家在看我的桌子時，母親說：『現在到這裡來看看我得到的真正漂亮的糖碗和牛奶碗吧。』她從來不知道她的好勝心對我的影響。」潘妮的母親誇張到特別花心思來說明她才是主角。

派翠西亞的母親是紐約人，有紐約市人的特殊說話方式。「因為她真的只是談她自己，任何時候她不想談某件我提起的事，她就會用某種眼光看我，說：『好啦！好啦！』然後會開始說一大堆她的情況或感覺。」派翠西亞母親的兩個句子可說是直截了當。

就連嬰兒的行為也可能被一位自戀型的、看任何事都從自己的角度而出發的母親挑剔。

在電影《非關女孩》（Pieces of April）中，派翠西亞．克拉森（Patricia Clarkson）飾演的母親描述了自己如何恨凱蒂．荷姆斯（Katie Holmes）飾演的女兒艾波。她說：「她甚至在我哺乳時咬我的乳頭。」哦，媽咪，我們想像女嬰這樣說吧：「我不是故意的，我只有幾個月大。」

六、母親無法展現同理心

缺乏同理心是自戀型母親的標誌。女兒如果跟著一個欠缺同理心的母親長大，會覺得自己不重要，她各種感覺無法被認可。小女孩、年長的女孩，或甚至成年女性遇到這種情況時，往往放棄談論自己或面對自己的感覺。

愛麗絲深為離婚所苦，而母親不斷逼她講述細節，簡直火上加油。她會問愛麗絲：「誰拿到房子？監護權談得怎麼樣了？妳用了哪個律師？」愛麗絲勉為其難地回答母親所有的問題。但是當她想談她對離婚的內心感受時，母親一點也沒興趣。她感興趣的是愛麗絲會要求多少贍養費，以及她的律師現在應該做什麼。母親無法體會愛麗絲的情感傷痛，結果是女兒覺得自己不重要。愛麗絲不斷自問：「但是我的感覺呢？我有沒有一點重要性？」

在一九九〇年的電影《來自邊緣的明信片》（Postcards from the Edge）裡，梅莉・史翠普飾演的女兒蘇姍 一直在生莎莉・麥克琳飾演的母親陶樂絲的氣，因為後者無法認知與同情她的痛苦。

舉例而言，蘇姍進入戒毒中心時，陶樂絲談的是她的頭髮、化妝，以及房間裝飾的方式——什麼都談，就是不談女兒戒毒所產生的變化。蘇姍從戒毒所出來，母親舉辦了一場派對，表面上是為女兒而辦，其實邀請的只有母親自己的朋友。在派對上，母女對決更為明顯。陶樂絲要蘇姍上台唱首歌，蘇姍唱了「妳不懂我」。陶樂絲於是上台，唱了「我就在這裡」來羞辱女兒。因為歌名明顯暗喻自己如何在女兒待在戒毒中心的那些年，母親如何做她的後盾。在這場聲名狼藉的派對上，蘇姍最後唱了「我要搬出這家傷心旅店」。搬出母親那沒有同情心的世界，正是這位女兒必須做的事。

我記得自己從自戀型母親陰影中復原的某個時刻，雖然已經了解母親完全不想有我的消息，但我還是堅持在電話中告訴她近況，強迫她聽進去。她往往是等到一個空檔就將話筒轉給爸爸。有時候我會計算時間，看看多久我會聽到電話另一端變成爸爸的聲音。由於無法對我的感覺產生同理心，她必須暫時將身為父母的角色推給父親。在她又一次打破推給父親話筒的短短數秒記錄之後，我決定不再勉強這件事。我已經證明沒必要讓雙方都不舒服。

七、母親無法處理她自己的感覺

自戀者不喜歡處理感覺——包括她們自己的感覺。我協助過的許多女兒們都否認或壓抑自己真正的感覺，而依照母親希望看到的方式行事。這些女兒們描述與母親討論自己感覺時，她們的母親「冷漠無情」或「彷彿隱形人」。有些人表示，他們的母親只會表達憤怒，而且常常如此。當一位母親的情感範圍侷限在冷漠、無動於衷或憤怒裡，而不讓自己或女兒表達真正的感覺時，兩人之間擁有的只是一種缺乏情感聯繫的表面關係而已。

布蘭達告訴我：「母親處理感覺的方式好像暴風雨。她會摧毀行經途中的每一件事。她大吼大叫，常常賭咒。總是別人的錯。她不處理自己的感覺。」

海倫大學畢業後有次很棒的歐洲旅行。她遇到一個男人，打算跟他結婚，於是興奮地打電話回美國給母親，準備討論她的感情。媽媽說：「我不想討論這個，」然後就掛了電話。直到今天，海倫仍然不清楚母親當時在想什麼。不過，就算海倫現在已經四十多歲了，她也一直不曾訊問母親那次充滿情緒的事件。她老早就學到，絕不要提起跟感覺有關的話題。

司塔茜很想跟母親討論童年的事，之前從來做不到，因為母親一談就會生氣。但是司塔茜接受過心理治療後，在復原之路上已很有進展。她打算利用父母來訪的時候與他們長談。這回她感到自己經歷過的事情將有助改變跟母親的溝通。她在後院與母親聊到孩子以及當天會舉行的家庭烤肉，然後她就對母親表示她很想彼此開誠佈公談談童年，因為現在自己也有了孩子。但是她一提到兒時的感覺，母親就轉換注意力，開始撿拾花園雜草。她母親沒有發怒，只是閉上嘴，置之不理，讓司塔茜獨自面對話題。經過片刻不自在的安靜，司塔茜和母親繼續討論家人團聚的食物，彷彿任何事也沒發生。

司塔茜在諮商時刻向我描述這件事時，我問她有什麼感覺。她沒回答，只是呆坐著，淚水撲簌簌地流下來，然後嘆了一口氣，說：「我不存在；她在就沒有我。」司塔茜看出母親無法處理自己或女兒的感覺，她與母親情感上的鴻溝的確無法跨越。

八、母親總是挑剔和批評

成年人很難接受經常像孩子一樣被挑剔和批評。我們對於每件事都變得過份敏感了。自戀型母親往往因為自己脆弱的自我意識而挑剔批評。她們將女兒作為代罪羔羊，成為她們所不喜歡的自己，並因自己的不快樂和沒有安全感而指責孩子。孩子們——有時候是成年人們——不了解媽媽好批評的原因是不喜歡她自己，因此認不出這種挑剔不公平或許是來自母親自身的挫敗，反而認真接受了這種批評。（我一定不好，不然母親不可能這樣對我）這些成長初期產生的負面訊息日後內化，我們相信它們是真的，於是形成自己日後很大的心理障礙。自戀型母親對女兒的批評，會讓後者心中深感自己「永遠不夠好」的感覺很難去掉。

瑪麗蓮的獨特才能被母親忽視。母親只看得見，也只批評她眼中瑪麗蓮犯的錯。母親是很好的舞蹈家，只看重「有音樂感」的人，特別是那些舞跳得好的人。她在瑪麗蓮剛能走和講話的時候，就送她去學芭蕾和踢踏舞。但是瑪麗蓮的長處是唱歌，不是跳舞。「媽媽告訴我，我是那種沒辦法教會的人，一個笨蛋。她甚至會跟朋友這樣講。我記得她們的笑聲。縱使我唱得很好，她能說的只是：『可惜她不會跳舞。』」

莎拉跟第三任丈夫結婚時，很擔心向父母宣布這個消息，因為她知道母親會起戒心並且批評。莎拉告訴她們這件令人興奮的事時，母親說：「我可以進入金氏世界記錄了。我可以告訴他們我只有一個女兒，卻有三個女婿！」莎拉對我說這個故事時幾乎哭了整整一小時，不瞞各位，我是跟她一起哭的。

安在治療中表示，她努力想獨立，但母親已經影響了她看世界與看自己的方式。「我對自己的能力很沒安全感，總覺得母親在背後看著我，縱使犯了最微小的錯誤，她還是會論斷我。我所做的每一件事，都連帶會有『媽媽會怎麼想？』的考慮。她一直在我腦袋中發聲。」

克麗絲告訴我她很怕邀請母親參加她的婚禮。「媽媽認為她知道所有的事，因此總是批評與論斷。我擔心在某個安靜的片刻她會說：『我看他們可以維持兩年吧。』」

九、母親當妳是朋友，而不是女兒

在理想的母女關係中，母親撫養和照顧孩子。女兒應該能夠依賴母親的培育，不是反向而行。在養育孩子的階段，雙方不應該是朋友或同儕。但是有自戀型特質的母親往往自己沒得到適當的父母養育，內在是一個有需要的孩子。自己的孩子就像是一個必定捧場的聽眾，是她們渴求的注意力、鍾愛和關愛的來源。其結果就是，她們只視孩子為朋友，而不是下一代，用孩子來給自己打氣，滿足自己情感需要。有時候，作為一個擁護母親的朋友，是女兒能得到媽媽正面回應的唯一方式。女兒或許樂意扮演朋友的角色，但可能直到成長多年以後，才會了解這種安排錯得離譜。

崔西自有記憶以來，跟母親的關係就是最好的朋友。她說：「我那時才十二歲，就會跟母親和她的朋友們一起出去。我會幫她們剪頭髮，我們會一起節食。媽媽和我完全合而為一。她會告訴我她朋友們、我父親以及他們之間的每一件事，包括性方面。即使我聽那些事情很不舒服，她們也無所謂。她需要我在她身旁。」

雪兒的母親是單親，經常約會，每次約會回來，就會告訴雪兒她約會對象的一切、他們做什麼，以及她對他的感覺。「我媽媽全部的生活就是約會，我得聽所有那些搞七捻三的事。我實在希望媽媽注意到我和我在做的事，但我們總是必須談她的男朋友和她的感情生活。」雪兒也說，她母親大多數時間把她留給奶媽，從來不花時間參加學校的任何活動。「她連我和誰約會或在學校做什麼事都不知道，但是我知道她社交方面所有的細節。」

許多成年人的話題是兒童不宜的。孩子需要可以做孩子，專注在對他們重要的事，不應該去管成人的事情。自戀型父母過早把孩子帶進成年人世界。舉例而言，經常向女兒透露她與丈夫之間問題的自戀型母親，不知道這對她孩子有多痛苦。女兒知道自己兼具母親和父親特質，因此批評孩子的父親，就像是在批評女兒一樣。女兒需要能夠依賴雙親，但是當母親跟女兒分享成年人的事情，就不可能建立正常的依賴感。女兒會覺得不安全與孤單，因為她沒有可以依賴的父親或母親。她也會因為無法解決父母的婚姻問題或母親的問題而愧疚。這當中還有一個老問題，女兒內心會有這樣的感受：「我不夠好，因為我不能解決母親的問題。」下一章我們會看到這種自我否定的訊息如何在日後歲月裡影響女兒的愛情關係。

十、母親跟妳之間毫無界限與隱私

隨著年齡增長而在情感上與母親分開，對心理成長很重要。自戀型母親不讓女兒成為獨一無二的個體。女兒之存在，只是為了滿足母親的需要和願望。這就為女兒製造了一個嚴重的問題。她的家庭生活裡沒有人際分野，也沒有隱私。母親可以跟她談幾乎任何事，不論是否合宜；母親也把女兒所有的事跟別人講，不論是否令女兒尷尬。自戀型母親通常不清楚這樣做有多麼錯誤，對她的女兒多麼不健康。對母親而言，她的孩子只是她個人的延伸。

雪莉的母親在雪莉與高中同學聯絡上時，做了很過份的事。「我非常興奮竟能找到老朋友、了解她成年生活發生了什麼事。我們在國中與高中時期都很親近。她弄掉了我的電話號碼，但是在電話簿上找到我父母的號碼。我母親回了她電話，講了很久，當然沒忘向她吹噓我已經是執業醫師。但是媽媽也很快就告訴她我失敗的感情生活細節。當我終於跟朋友講上話時，她首先就問我的感情生活。我立刻覺得羞愧與困窘——覺得被母親深深侵害了。她為什麼不讓我來告訴朋友我的生活和問題，讓我可以說明事情真相與原因？」

瑪麗安的母親侵犯了女兒安的私人空間，因為她用瑪麗安家的鑰匙三不五時溜進去，檢查房屋打理情況，然後留下不客氣的紙條。最後一張是這麼說的：「我真把妳養成這麼邋遢的人嗎？冰箱裡可能有蟲！我們應該把那些霉拿來做盤尼西林嗎？」

露絲的母親在女兒男友這方面毫不設限。「媽媽會擁抱、親吻，甚至在我與男友分手後跟他們上床。有一回她參加我的生日派對，在我所有朋友面前跟我的前男友調情。她是結了婚的人耶！當我質問她時，她說：『嗯，他要我跟他回家，我說不可以。』我告訴她：『謝謝妳啊，媽媽，算妳周到。』」

妮可・斯坦斯波瑞（Nicole Stansbury）寫了一本很有說服力的小說《母親在哪裡？》（*Places to Look for a Mother*），她在書中描述當母親漠視女兒需要而使女兒缺乏隱私時，感覺母親在女兒上廁所時也可以隨時走進來。女兒說：「妳總是隨時走進廁所，我們永遠不能上鎖。妳從來不敲門。」母親回答說：「難怪我整天坐立不安，難怪我的神經繃到極限。我什麼也不能做，動不動就被指責。我不知道妳怕被我看到什麼，究竟有什麼大秘密在。妳連陰毛都還沒長呢。」這位母親不僅不尊重女兒的界限與隱私，還將自己不莊重的行為怪到女兒身上。

為了成為一個健康、承受、獨立的女性，女兒需要感到她有跟母親分開的自我感覺。自戀型母親不理解這一點。他們自身不成熟，又有未被滿足的需要，這些阻礙了女兒的正常獨立，也因而壓抑了情感發展。

我在鏡中的哪裡？

令人悲哀的是，由於這十根「毒刺」的不利影響，自戀型母親的女兒對著鏡子觀看自己的影像時，很難看到自己。女兒的自我意識只是母親如何看她的反射而已，而往往那是一種負面光線下的陰影。

走過人生發展的每個階段，女兒不自覺地內化了自戀型母親多年來傳遞的負面訊息與感覺。妳可能已經忘了具體事件或情感創傷，但妳很可能記下了自我貶抑的訊息。我們這些做女兒的會把這些一直帶入成年後的生活；它們創造出無意識的情緒與行為模式，為我們帶來麻煩，也很可能極難克服。妳一旦知道這些訊息的來源和影響，並致力形塑對於自己的正面看法，就可以讓那些負面訊息靜止。藉由了解母親如何形成她的自戀行為，妳就可以替換這些負面聲音而改變妳的自我形象。就像我們下一章會看到的，一位只注意自己的母親具有一種易受傷害的自我肯定特質，促使她將對自己的恨意加諸女兒身上。母親的自戀有許多形式，我們會在第三章探討各類自戀型母親。

Chapte 3
媽媽的公主病：自戀型母親的各種面貌

生命中的一切，身體上發生的所有事情。

我正在研究這位曾經孕育了我的女人。

——希達・沃克（Sidda Walker），

《YaYa 私密日記》（The Divine Secrets Of The Ya-Ya Sisterhood）的書中人物。

相信自己、愛自己、和了解自己，只有本身具備這些特質的母親才能傳授給女兒。進而言之，要成功地傳遞這些特質，母親必須與女兒建立緊密而平衡的關係。自戀的問題之一，是容不下平衡。自戀型母親的女兒住在一個很極端的家庭環境裡。由於代代相傳的扭曲的愛使然，大多數自戀型母親對孩子若非過度保護（環抱型母親）就是欠缺照顧（漠視型母親）。這兩種作風雖然看似相反，但是在任一種自戀風格下成長的孩子，其受到的影響是一樣的。妳的自我形象變得扭曲，而不安全感似乎不可能祛除。

環抱性母親用令人窒息的關愛撫育孩子，似乎不了解女兒有自己的需要和願望。或許妳就是這樣被養大的。果真如此，很可能妳的天賦、想追求的夢想，以及或許連妳感到最重要的兩性關係，都不曾受到關照。母親不斷提醒妳「她需要」妳做怎樣的人，卻不曾肯定真實的妳。妳迫切希望贏得她的愛與肯定，於是遵從她的要求，在這樣的過程中，妳失去了自我。

如果妳由一位漠視型的母親養大，她不斷發出的訊息，是妳沒有存在的價值，基本上她心中沒有一席之地給妳。最後妳就被除名與忽視。嚴重漠視型母親的孩子甚至連最基本的衣食居住或保護都得不到，更別提人生指導和情感支持了。缺乏名副其實的家庭環境足以讓妳欠缺安全感、身體不健康、或學校成績不好。情感和身體上都被忽視，妳得到的訊息就是自己無足輕重。

有一個自戀型的母親，不論她是環抱型還是漠視型，都讓女兒難以發展出那種自己有別於他人的獨立人格。情感需求不曾被滿足的女兒不斷回到母親那裡，希冀日後得到她們的愛和尊重。擁有滿滿情感支持的女兒，則有信心以健康的方式離開父母，長大成人。在本書稍後討論復原的章節裡，我們會更深入地提及這一點。我們先來看看環抱型和漠視型母親對於女兒的影響。

環抱性母親

環抱性母親試圖駕馭和控制女兒生活的各方面。她做所有的決定，迫使女兒照她的要求穿著、行為、說話、思考和感覺。女兒幾乎沒有成長和發展自我或找到自己聲音的空間，而在很多方面成了母親的極端翻版。

環抱性母親往往看來是偉大的媽媽。因為她們熱心參與女兒的生活，也可能經常幫孩子做事、陪伴孩子，外人往往認為她們是積極主動、為孩子盡心盡力的母親。自戀型母親不明白她們的行為具有傷害性，甚至經常是破壞性的結果，而這種無知並不會減少其造成的影響。

米麗安二十八歲，已經訂了婚，與過度控制她生活的母親起了嚴重的抗爭。米麗安的母親不認可她未婚夫，且盡一切可能介入其中，包括對他公司一些同事說他的壞話。「我母親希望那些話會回到我這裡，讓我認為未婚夫是個失敗者，最好是他會放棄一切，離開這裡。」

「我來提示妳幾件跟愛情有關的事，」托碧的母親常常這麼對她說。四十八歲的托碧形容母親「愛男人，而且知道如何控制男人。」托碧到了可以約會的年齡時，母親就教她如何抓住男人的心，並且在女兒不夠引誘男人時加以指點。「她會打開我襯衫上方的鈕子，教我如何展露性感。」托碧記得母親的箴言：「如果妳不跟男人上床，妳就會失去他們。」

珊蒂的母親經常要女兒跟自己一樣。她頗以女兒是自己的複製品為傲。珊蒂接受心理治療時，感到自己必須跟整個家庭認為自己是母親翻版的看法對抗。「母親和我關係良好，但我必須請所有的親戚不要再把她的問題套到我身上。」

星媽們是典型環抱型母親，她們帶領女兒們從小就經歷各式各樣的選美比賽，或類似「星爸星媽知多少」（Showbiz Moms & Dads）的電視節目。這個電視節目在雜誌上的廣告有一行字「有些父母求名若渴」，旁邊是一位母親推著她的小公主上舞台。我們不禁擔心這種經歷會如何影響幼小受控孩子的心靈，以及她們日後會長成怎樣的女人。

音樂劇《吉普賽》（Gypsy）呈現了一位典型的環抱型母親。「唱出來，露易絲，」女兒正在台上表演時，母親這麼叮囑著。在這齣戲的原始電影版本裡，洛薩琳·羅素（Rosalind Russell）飾演精力旺盛、張揚而自戀的母親若絲媽媽（Mama Rose）。她設法把兩個女兒露易絲和茱恩推向娛樂界。小女兒茱恩在若絲媽媽眼中天賦較高，但她結婚後離開家。若絲媽媽只好另謀他法以滿足自己的遠大目標。她將焦點轉到大女兒露易絲身上。這齣戲中女兒們的反應耐人尋味。茱恩最後厭倦了作「可愛的那個」而離開家，露易絲背叛的方式是成為著名的脫衣女郎吉普賽·若絲·李（Gypsy Rose Lee）。兩個女兒都離開母親，沒讓她的夢想實現。

我們每個人內心都深深渴望擁有自己的生活，不是我們母親的生活。但是自戀型的母親會對孩子施加壓力，要他們照她希望在這個世界的表現和反應而行動。這種方式下成長的孩子會根據她認為可以贏得母親愛和肯定的方式做出決定。女孩子既然習於讓母親替自己思考，之後就難以為自己創造出真實健康的成人生活。

漠視型母親

對女兒忽視或不負責任的母親不提供生活之道、情緒支持或同情。她們不斷貶抑或否定妳的情感。甚至會如我母親灌輸給我的這種觀念：「我衣食無缺、有遮風避雨的地方，所以問題在哪裡？」我內心仍然痛苦萬分——跟其他被母親忽視的女兒們一樣。

喜劇劇情片《美人魚》（Mermaids）描繪了一個不負責任、專注自己的母親。電影中，所有的事都跟媽媽和她的愛情關係有關，而她女兒們的情感世界則是一片空白。影片裡一些女兒們的台詞說得很明白。舉例而言，「這是我們的母親。為我們祈禱吧。」「媽媽代表很多事情；平凡不在其中。」以及「媽媽，我不是隱形人。」

女兒如果夠幸運，或許能發現另一個可以幫她的成年人，可以認出和認可她的感覺，並指點一二。這個人可能是情感上拯救她的人。例如在孟麗長大成人的過程中，母親拒絕教她一些頗為重要的事情。「我十三歲第一次來月經時，我不能向媽媽求助。任何跟『性』沾上邊的事情，即使是在電視上，她也會說：『不要跟我談性的事情；我不想討論。』我需要衛生用品時，必須打電話給姐姐或老師。我的老師是跟我解釋月經怎麼回事的人。」

在心理治療的執業生涯中，我見過許多母女關係表面很好的案例，但其實孩子內心深感痛苦、困惑和沮喪。我總是告訴孩子我是一個「感覺」醫生，因為我希望讓她們馬上知道我的辦公室是討論感覺的地方，而「感覺」很容易被她們的母親忽視、貶抑或否定。這些孩子往往比他們的父母更快了解如何討論感覺而開始療癒。

漠視的行為在孩子生命中創造了深刻的情感鴻溝，可能許多年都看不出來，而身體上的虐待或忽視就昭然若揭。自戀型父母如果無法或不願照顧女兒較基本的需要，也就是讓她生活得安全、健康，並送她上學，外人馬上就看出來了。

我的臨床案例中充滿了受虐與被忽視的孩子。處理這些孩子的問題已發展成為我職涯中的一項專長，讓我得以回饋並對受苦的孩子們有所貢獻。我心中有個角落需要設法幫助小女孩，特別是那些等著被收養或住在寄宿家庭中渴望「從未有過的母親」的小女孩。

有許多孩子要我帶她們回家，例如有個可愛的八歲女童說：「凱莉爾醫生，妳知道怎麼做飯嗎？妳家裡有多少房間？妳有玩具嗎？」然後她安靜地加了一句：「如果我能跟妳回家，我每天都洗碗，還幫妳洗所有的窗戶！」如果我的專業沒有一些排除這種做法的規矩，我現在已經在家裡開了一間孤兒院了。我很敬佩的一位同行琳達·沃甘（Linda Vaughan）也輔導受虐和被忽視的兒童。她在密集輔導一位必須從母親那裡轉到寄宿家庭的孩子後，寫了如下的詩：

親愛的媽咪
我現在生活很好，
我在學校全拿A
睡覺時再也不哭
雖然新媽媽說我可以哭。
我記得妳多麼討厭淚水，
妳會一巴掌幫我把淚水除去
為的是訓練我堅強，
我想那一招確實有效。

我學會用顯微鏡
我的頭髮長了兩吋，
很漂亮，跟妳的一樣。
我不可以清理房屋，
只能清理自己的房間，
這條規則是不是很好笑？
妳說過生小孩很麻煩，
孩子們最好要回報。
我用不著照顧其他孩子，
只要照顧自己就好，我挺喜歡這樣的。
我做錯事的時候，
肚子還是會不舒服，
我的鏡子上寫了一句話

「小孩會犯錯，沒有關係，」
我每天都讀一遍，
有時候甚至相信它了。
不知道妳有沒有想過我
或許妳很高興討厭鬼已經離開，
我再也不想見到妳。
我愛妳，媽咪。

有時候這些孩子幾乎沒有東西吃，住在骯髒污穢的屋子，沒有醫療，或許受過肉體、性方面和精神負面的虐待。可悲的是，這種虐待和忽視十分普遍，雖然社福機構經常受到指責，但幸好有他們，這些欠缺照顧的孩子才有人注意到。

瑪德琳十歲，非常可愛。大部份時間都是自己照顧自己。雖然她的情況並不理想，但她內心充滿希望。「媽媽從沒幫我做過飯。我們從來沒有電視上看到整個家庭坐在一起吃飯的情景。我做東西給自己吃，我很會做罐頭湯、通心粉和乳酪。」有一天她決定幫媽媽做一頓飯。她為兩人做了「很不錯的」義大利麵和水果杯。當小瑪德琳宣布晚餐好了時，母親表示自己正在節食，也不餓。「因此，既然我已經在桌上放了兩個盤子，」瑪德琳很有自信地把頭歪向一邊，「我先把自己的盤子裝滿，吃下去，然後再換到她的盤子那邊，也是裝滿後吃掉。我假裝她在那裡。我一人分飾兩角，甚至還假裝跟她有一段對話：『所以，今天過得怎麼樣？妳今天做了什麼事？』」

七十歲的瑪麗安講了一個發生在她姐姐身上的可怕的故事。「我姐姐十六歲時失踪了。有天晚上我哥哥去教堂接她，而她不在那裡。我們找了一年半。然後有一天，一部小貨車開到家門口。一個大漢下來，後面跟著我姐姐和一個嬰兒。我們這才明白，媽媽有一天碰到這個大漢。他覺得我姐姐很漂亮而想得到她，就問媽媽怎樣才能成事。媽媽說：『給我三百美金，妳可以把她帶走。』他買了她耶！現在姐姐問：『媽媽那時為什麼要賣我？』那個傢伙對她可怕極了。他工作時就把姐姐鎖在櫥裡，防止她逃跑。他虐待她。爸爸知道這事後想要殺掉這人，我覺得他也打算殺掉媽媽。」

我在離婚案件中看到數量驚人的冷漠父母。由於法院體系運作基礎為對立的關係，配偶通常最後成為兩軍對峙的局面。在離婚前的諮詢時段，專家們的意見通常只對父親或只對母親有利。在許多涉及養育時期的訴訟中，討論重點不是法律指示的什麼對孩子最好，而是什麼對某個父母最好。令人悲哀的是，我們美國文化中許多撫育觀察員和法官聽進去的，主要是父母的需求而非真正最利於孩子的安排。我所處的丹佛市這裡，甚至還討論哪個評估員「為父親說話」而哪個是「為母親說話」。我想問，好不好有人「為孩子發言」呢？

離婚有時候也會造成父母一方教唆孩子反對另一方，以便自己可以在監護權中維持自己的利益。這是孩子典型的情緒受虐，對孩子的傷害遠遠大於這些疏遠的父母所能想像。在這些案例中，父母或許能照顧孩子的身體，卻完全忽略了他們的情感需要。

可蕊的母親在進行離婚期間破壞了可蕊與父親的感情。「媽媽瘋狂嫉妒我和爸爸相處的時間。她會說：『去看妳父親，我沒事，』然後她就有十天都是一副沮喪萬分的模樣，讓我們感到罪惡。這種情況嚴重到我們終於不再去看爸爸，因為我不想傷害媽媽。後來爸爸突然死了，我們甚至不能去葬禮。我們不能在媽媽面前哀悼父親，因為那樣會太讓媽媽心煩！」

這種虐待、漠視或忽視的母親的行為模式一般很容易看出來，但當自戀型母展露出混合環抱型和漠視型行為時，就變得非常複雜和令人困惑。我們來看看這種特別組合彰顯於外的形式。

混合環抱型和漠視型的行為

雖然我的研究指出，大多數自戀者主要展示一種行為模式，但這兩種形式彼此並不抵觸。一位母親可能從環抱型變成漠視型，然後又改回來，就像電影「親密關係」中的母親一樣。莎莉．麥克琳飾演的這位母親奧羅塔不斷檢視女嬰，要知道她是否還在呼吸。為了檢查，她搖動孩子或把孩子弄醒。嬰兒哭泣時，奧羅塔以一句「看來還不錯」表達了身為母親的滿意，然後關上門，讓孩子獨自在搖籃中哭泣。

我母親對兩個女兒展示了兩種極端——對我妹妹是環抱型，對我則是漠視型。我相信她的行為跟我和妹妹的出生順序以及媽媽個人當時的生命處境有關。概括地說，她逼我快快長大，好照顧妹妹，並幫她處理其他家事，卻又把妹妹當成永遠長不大的孩子，幫妹妹做所有的事。我排行老二。母親總是拒絕我，以為我自己會把事情弄清楚。她總是為妹妹做每一件事，因為妹妹是小孩，即使當妹妹已經把自己弄到了不負責任的情況，媽媽還是這樣的態度。她一方面給我自己必須處理事情的訊息，另一方面又讓妹妹知道做任何事都必須得到母親的同意。

有效的母愛會在同意與控制之間取得平衡。在這種情境下養育出來的女孩學到可以藉由自己的天賦和熱情長大，她的感覺被認可與尊重。但一個女孩若在那種平衡養育方式之外長大而又希冀日後享有健康的愛情關係、選擇能滿足自己的生涯，以及某日成為一個能產生撫養效果、慈愛善良的母親，就必須克服一連串痛苦的障礙。

自戀型母親的六種面相

不過，不要只談我。我們來談談妳。「妳」怎麼看我？

——《情比姐妹深》（Beaches）片中
貝蒂．米勒（Bette Midler）所飾角色CC．布魯姆（CC Bloom）台詞

我的研究已經指出六種自戀型母親，從環抱型的一端到漠視型的一端都有。我稱其為「六種面相」。妳探索這個表列時請了解，妳母親可能主要屬於某一種，也可能是好幾種的混合類型。此外，環抱型和漠視型的媽媽也可能混入以下任一種類型。

一、炫耀外向型

炫耀外向型的母親常見於電影中。她是天生的表演者，在外面廣受喜愛，但回到家卻令配偶和孩子畏懼。如果妳能配合她演出，當然皆大歡喜；但妳若無法隨她起舞，就要小心。她很容易就受到注意、俗艷耀眼、有趣，而且「就在那裡」。有些人喜歡她，但妳看不起

她表演給大家看的假面目。因為妳知道，妳除了在她向別人自炫時可能擔任某種角色以外，她本人和她的表演都與妳無關，妳會因為看到外人對她的反應而困惑。妳看到她不會像對其他人（朋友、同事、家人、甚至陌生人）一樣，將溫暖和魅力給妳這個女兒。妳覺得「只要她愛我，那麼不論她要扮演怎樣的人，我都不在乎。」妳迫不及待希望她知道妳，讓妳做自己。

這些母親往往過著迷人的生活，希望女兒能融入其社交世界，符合她的模式。

雪莉的母親是典型例證。她努力惹人注意，外表像天氣一樣多變，而且是為了達到最大的喜劇效果。五十五歲的雪莉嘲諷地說，「我不記得見過她的自然髮色。」她記得母親各個階段。「六十年代初，她裝扮有如賈珪琳・歐納西斯，戴著大帽子。模特兒行業開始受到矚目時，她戴上太陽眼鏡，穿上迷你裙。她總是趕上潮流，是注目焦點。我經常感到不想進入她的領域。我記得曾因她的熱褲和褲襪難為情。還有那白色阿哥哥長靴和又細又尖的高跟鞋。她真不是俗不可耐而已。不知怎地我認為她知道自己不夠真誠。事實上她曾說過希望墓誌銘這樣寫著：『真正的貝蒂站起來好嗎？』」

艾咪有一位自我中心、好炫耀的母親，個人魅力讓她得以進出許多有趣的場合。這位母親擁有一百四十四雙可以搭配皮包和手錶的皮鞋，還自稱有通靈本領，且曾擁有個人有線電視節目。艾咪的母親撒謊與嚼舌根成性，過去經常跟鄰居聚在一起，為他們指點靈異迷津。「我們那條街有位女士認為媽媽是魔鬼，並說服鄰里相信，於是我們就被逐出了那個社區。母親的反應是，人們若是得到太多靈性資訊，腦筋就會出問題。每件事她都有藉口，要不就是怪罪別人。」

李娜的母親是一家華麗咖啡夜店老闆，因而有了炫耀自己的完美途徑。李娜微笑著回憶起母親每晚穿著長禮服，前往咖啡店擔任女主人。母親一度在好萊塢擔任藍調歌手，宣稱自己曾與戴西・阿納茲（Desi Arnaz，譯註：著名電視影集《我愛露西》中飾演露西丈夫的歌手演員）一起唱歌，和法蘭克・辛納屈（Frank Sinatra）一起狂歡，還曾坐在卡萊・格倫（Cary Grant）的腿上。李娜覺得母親只不過愛現而已。「她喜歡告訴別人自己認識誰。

全都是為了她的形象。她至今依舊做些不得體的動作，像是全場飛舞以引人注意，或者用大家都會注意到的方式進場。我常常覺得不可思議，當我將她介紹給我朋友們時，她竟然會說：『我真高興與他們有認識我的機會！』」

二、只問成就型

對於只問成就的母親，妳生命裡完成的事至關重要。成功要看妳做了什麼，而不是妳成為怎樣的人。她期待妳的表現盡可能達到最高水準。這樣的母親非常自豪於孩子的好分數、比賽勝利、進入正確的大學，以及畢業時拿到恰當的學位。她也喜歡吹噓這些成就。但是如果妳沒成為那只問成就型母親認為妳應該是的人，也沒完成她認為重要的事，她就會深感羞慚，甚至可能暴跳如雷、大為震怒。

我們在這裡看到一個令人困惑的互動關係。往往當女兒在為一個指定目標努力時，母親不會支持，因為這會剝奪了女兒花在母親身上的時間。但是如果女兒完成指定的目標，母親在頒獎典禮或表演場合又會得意萬分。女兒得到的訊息多麼混亂啊。她知道除非自己大放光彩，否則就別期待得到多少支持，她因而不會太看重自己，而形成了以追求成就為目的的生活方式。

雅思敏從小就喜歡騎馬。但是母親很不願意支持這個耗費金錢與時間的愛好。雅思敏的父親幫助她，很辛苦地教她繞桶競技，母親因而對他大發雷霆。不過，「成功」改變了家人互動。當雅思敏在兒童牛仔競賽中贏得藍帶時，「媽媽臉上掛著勝利的笑容，開始大肆吹噓。」雅思敏記得當時十分困惑、有受傷害的感覺。

卡蘿成長過程中一直覺得受制於母親在她身上投注的野心。她學了七年鋼琴，不僅必須在演奏會上表演，也要為母親的朋友們表演。「我表演時如果錯了一個音，一旁的母親就會發出鼻息。我感受得到她的失望。我覺得自己彷彿必須完美才能配得上母親。當我長大到可以自己做選擇時，就故意考壞她希望我進去的鋼琴學院。之後，我有十二年不再碰鋼琴。我搬出去有了自己的家以後，想要一個只彈奏給自己聽的鋼琴。我仍然無法在媽媽面前彈琴。我開始心理治療時，再一次必須停止彈琴，免得勾起全部與媽媽的不悅往事。我對鋼琴仍然有一種愛恨交加的感情。母親的利益與我的利益產生了矛盾，我只是母親的獎盃。」

艾琳洛的母親評判人全憑教育成就。她經常問的第一件事就是大學唸哪裡。「哈佛和史丹佛的人是妳能找到最好的。」然後她想知道他們拿到什麼學位。「醫生和博士很傑出。其他學位她都覺得不怎麼樣。她所有的朋友都是某某博士／醫生，或某某博士／醫生的太太。她不在乎那些人是怎樣的人或對她和我們好不好。」艾琳洛靠向椅背，深深嘆了一口氣，對我說：「感謝上帝，我當年拿了幾個A，也取得一兩個學位；要是沒有，她恐怕連話都不跟我講。可憐的爸爸只有碩士學位——我不知道他在媽媽身邊是怎麼熬過來的。」

米亞的母親有潔癖。「她對清潔這件事簡直痴迷：每件事都必須完美，我們在女傭來之前都還會先打掃乾淨。只要一件事沒達到標準，她就會注意到，馬上發作。她比發狂還超過！媽媽會把我衣櫥裡的東西全部扔掉，然後要我將衣服按顏色分類。我每天必須清洗廁所四次，直到母親認為完美為止。」

在電影「愛情D.I.Y.」（The Other Sister）中，發育比較慢的女兒對自戀型的母親說：「媽媽，妳不看著我，妳看不見我，看不見真正的我。我不要打網球或下棋，或成為藝術家。我只要做自己。我做不到那些事，但是我能愛。」多麼有力的一段話！

三、身心失調型

身心失調的母親利用生病、頭痛和痛苦來控制別人，讓她為所欲為，只注意她自己。她幾乎不在乎周遭的人和需要，包括女兒。如果妳的母親就是這樣，妳唯一得到她注意的方法就是照顧她。如果妳不回應她，或甚至抗拒她的行為，媽媽會扮演受害者角色，像是病情加重，或出現跟生病有關的危機，轉移妳的注意力，使妳覺得內疚。我稱此為「生病控制法」，非常有效。女兒如果不回應，看起來就很糟，而且自己會覺得像是一個無法善待母親的失敗者。身心失調母親最看重的，就是女兒隨時在旁，照顧她，了解她。

身心失調的母親常常利用生病來躲避處理自己感覺或生活困境的責任。女兒通常會聽到父親或其他家人說：「不要告訴妳母親。不然會讓她不舒服或生病。」有些女兒學到，自己生病可以贏得身心失調母親的注意，因為同病相憐。母親能體會生病的感覺，於是就能與女兒藉生病而溝通。但是女兒必須小心不讓自己比母親病得更重，否則母親就不會感受到應得的照顧。

雖然偏頭痛確實會削弱體力，但美恩母親利用偏頭痛逃避家庭煩惱，而且也不設法防止偏頭痛以照顧自己。舉例而言，她從不處理自己的壓力，而壓力正是偏頭痛的原因之一。她任憑自己因許多事情而沮喪。「媽媽不能處理任何事。她會很快就頭痛，必須被迅速送到急救室打一針，然後就讓她昏睡好幾天。爸爸和我必須處理任何可能是問題的問題。她根本是在逃避問題！」這種情況持續整個美恩的青少年時期。「我記得有一回告訴她，我正在跟一個小我很多的男士約會，結果她的頭痛似乎瞬間發生，我們都不知道怎麼回事。我猜她就是不喜歡我提的事！」

愛琳因為母親無法處理壓力而受到責備。「任何時候家裡出了什麼狀況，爸爸就會說：『看看妳對媽媽做的事。』媽媽最後會到臥室裡哭泣，開始頭痛和腹瀉，在馬桶上待幾個小時，然後頭上放著一塊布走出來，一副悲傷萬分的模樣。爸爸會去安撫她而責備我們，說母親不能應付壓力。」愛琳需要有人肯定她本人，但是學到「如果不照母親的期待行事，母親就會有各種疼痛，嘴角起疱、身上出現奇怪的疹子，讓自己因為情緒壓力而生病。每一件事都必須跟母親有關。」

潔姬母親的行為隨著自己和潔姬父親逐漸老去以及父親開始生病而惡化。「母親總是必須要比爸爸病得還嚴重。如果我因為爸爸出狀況而注意他，母親也會有那種病。有一回她假裝心臟病發作。我記不清她在我工作時打了多少次電話來，而我趕過去卻發現她安然無恙。有一次我沒在她打來後去她那裡，她好幾天都不跟我說話，說我從不關心她，寫給我很多言辭惡毒的信。」

茉拉在治療當中說到父親臀部手術時哭起來，那個手術對父親很辛苦，因為他年事已高，十分衰弱。但是她真正哭的原因是「父親經歷手術這段期間，母親說她的臀部痛，需要動手術。她無法讓焦點落在他身上。真是病態！她的臀部好端端地。爸爸復原後，我們再也沒聽到她臀部的問題了。」

席蕾斯特告訴我：「我媽媽就只是不斷呻吟。她站起來、坐下去，或走過房間，她都在呻吟！她其實沒有任何身體上的毛病，這似乎是她讓屋裡所有人看她並問她好不好的方法。然後她會說：『我當然很好，為什麼這樣問？』」

四、成癮者

在蕾貝卡．威爾斯（Rebecca Wells）的小說《YaYa私密日記》中，女主角希達形容母親的聲音為「五小瓶波本酒的雜音」。當她跟母親通電話時，雖然「相隔兩千里，希達也可聽見杯中冰塊相碰的聲音。」她接著說：「如果有人拍一部我童年生活的電影，那種聲音可做背景音樂。」

成癮的父母往往看起來是自戀的，因為讓他們上癮的東西比任何其他事更重要。上癮者清醒時，有時候自戀症狀會消失，有時候則不會。但是他們正在使用上癮的東西時，就只注意自己和那個東西。酗酒者或其他上癮者的孩子們非常清楚，酒瓶或讓父母上癮的藥物比任何東西或任何人都重要。上癮是掩蓋感覺很有效的方法。不用說，在女兒合唱音樂會上喝醉的母親不會考慮到女兒的需要。

漢娜童年時，大部份時間都得捍衛自己。「母親許多年離不開泰諾（Tylenol，譯註：止痛常用藥）、可待因（Codeine，譯註：止痛、止咳和止瀉常用藥）和二氮平（Valium，譯註：焦慮症常用藥），我十歲時，她已經結婚了七次。我們跟著不同的男人搬來搬去。」漢娜十四歲時，母親告訴她想自殺。漢娜哀求母親不要做這事，告訴母親「我需要她，我沒有她就活不下去。」漢娜講述這個故事時停了一下，她的痛苦顯而易見。「她還是做了，她殺了自己。我總是失去——先是一個等不到的母親，然後是一個自殺的母親。」母親死後，漢娜住在臨時屋營地，繼續上學。她的課業一直都不錯，直到高三，那時她開始託病不去學校，開始嗑藥飲酒。

茱莉亞的母親幾乎每晚都要有派對。「在我成長的歲月裡，我們住的那區有很多單親，他們全都喜歡派對。我們媽媽喜歡在家裡開派對，這樣她就不必找人看小孩。我是所謂的

『乖小孩』。我討厭喝酒、吸煙、色情故事、說髒話……等等。我以前經常對媽媽和她男友抱怨那些事。他們後來不耐煩了，就叫我『小女王』來羞辱我。媽媽會在他們計劃下一個派對時說：『我們今天晚上會有一個瘋狂派對，小女王，妳可以回到房間去，免得被打擾。』」

爵士女伶比莉．哈樂黛（Billie Holiday）的名句「抽煙、喝酒，從不思考」，十分貼切地描述了這些上癮的自戀型母親。

五、暗中使壞型

暗中使壞型的母親不想讓別人知道她虐待兒女。她通常有一個公眾自我，還有一個私下的自我。兩者極不相同。暗中使壞型母親的女兒說，母親在外面時對她和善可親且照顧得無微不至，回到家裡則會辱罵和苛待她。這種情況很難不讓人對母親充滿憤恨，特別是因為她在外面瞞過許多人。妳的母親在教堂裡用手臂環抱著妳，微笑著從手袋裡拿出泡泡糖給妳；但在家中，如果妳向她要泡泡糖，或者想要抱她，結果得到的卻是耳光和貶詞。

這樣的母親會在大庭廣眾面前說：「我真以女兒為傲。她很漂亮，不是嗎？」但在家裡卻會對妳說：「妳實在應該減肥了，妳的頭髮亂七八糟，穿得像個妓女似地。」這些無法預期而完全相反的訊息要人不發瘋也難。

維若妮卡的母親在外面宛若聖女，在家裡則容易發怒和罵人。不論她的感覺是什麼，她都是宇宙中心，所有生命都需停擺，順此感覺而行。如果她頭痛或鬱悶，我們如履薄冰。她的感覺主宰一切。我的感覺不受注意，這算是客氣的說法。我學到，我的感覺無足輕重。她總會說：『妳只知道……妳以為妳夠糟了嗎……？』但是任何時候我們到某個地方去，她表現得充滿善意，實在非常假。我們的衝突在屋內，沒人看得到。」

蘿冰母親的行為讓她困惑。「小時候我一直敬愛媽媽，覺得她跟我同一國，但是當哥哥和我成為青少年後，她總是說我們有多可怕。她會說：『千萬別有小孩。』」蘿冰母親告訴她自己如何設法流產的故事，像是從樓梯上摔下來以及吃某些藥。「她原本或許已經讓我哥哥流掉了。」蘿冰告訴我：「那是戰時，父親正要被送上前線打仗，那候如果太太懷孕就不會被徵召入伍。」由於母親已經墮胎三次，又有一次小產，她稱蘿冰兄妹是她的「生出的活物」。「然而奇怪的是，在別人面前，她總是說著自己多麼愛小孩，而且非常辛苦才有了孩子，我們美妙得像是奇蹟。究竟怎麼回事？」

海麗婚後得以享受離開暗中使壞母親的自由。「母親不喜歡我先生，所以她不想來看我們。這簡直太好了！有一次我決定去看她。她那時正在幫忙照顧鄰居一位老婦，而她居然就在這位可憐老太太的面前說她的壞話。我跟她們一起吃午餐。那位女士幾乎聽不見，但我聽著母親就在對方面前議論她，還是很不舒服。『妳覺得她還可能動得更慢嗎？』這樣說實在很卑鄙，也使我想起自己以前大半生必須忍受的一切。母親有善良的一面，也有陰暗的一面。一旦這位老婦去世，她就會將矛頭轉向我們。現在這位可憐的老太太正是她的獵物。」

六、渴求情感者

雖然所有自戀型母親都有某種渴求情感的特質，但是有些人比其他人在這方面表現得更明顯。這些母親的情緒大多表露於外，期待女兒來填滿空虛。這種狀態對兒女極為不利，因為孩子們被期待著來安撫母親、傾聽成年人的問題，並幫母親解決問題。不用說，這些孩子的感覺被忽視，而且也根本不可能達到母親期待提供關懷的境地。

伊芙特的母親知道如何加碼。當伊芙特告訴母親自己一週結束累得半死時，母親會先說：「親愛的，妳不知道什麼才是累。」然後就開始義憤填膺地述說「她的」日子多麼疲憊。伊芙特的辛苦幾乎無法跟母親的抗衡，所以就乾脆放棄講自己而只聽母親講，也從此學到不討論自己的感覺，因為太傷人了。「我只問她好不好，然後讓她暢所欲言。這樣她似乎比較不會激動起來。」

渴求情感者的典型可從電影「母親」（The Mother）中看到。在哈利福．庫瑞世所寫的這個充滿激情的劇本中，卡斯蕊．布蘭德紹飾演的女兒寶拉覺得空虛，對自己的生命和事業沒有把握，也從來不覺得被母親愛過或看重過。女兒會被渴求情感的男性吸引，也習於設法取悅母親。安・瑞德飾演那只顧自己的母親美伊，其渴求情感的程度在丈夫去世後逐漸加重，而且冒然跟一位木匠有了曖昧。但這位木匠卻是女兒瘋狂愛戀的對象。母親毫不在意女兒的感覺，辯稱自己正處於哀傷期，而戀情有助紓緩她的心情。電影評論家麥克・威靈頓（Michael Williamton）說得很好：「只顧自己是這些人的特徵，她們的罪惡不是性，而是只顧自己。」

既然妳已經對許多不同形式的自戀型母親有了進一步的認識，就有必要強調幾件事：首先，我們的母親不是天生如此。她們很可能從幼年起就在愛與同情兩方面都有無法克服的障礙。這個事實不能除去妳的痛苦，但可以讓妳對她有某種程度的同情，因而有助妳復原。

自戀者不可能憑空運作。接下來的一章，我們會談到一些家庭研究，看看自戀巢穴裡的其他人。

Chapte 4
爸爸在哪裡？自戀堡壘裡的其他人

自戀者的家庭往往類似寓言中內部生蟲的亮麗紅蘋果。外表看來誘人，直到妳咬下一口，才發現裡面有蟲。蘋果其他部份還是很好，但妳已經胃口盡失。

——史蒂芬妮·唐納森－普瑞斯曼（Stephanie Donaldson-Pressman）和羅伯·普瑞斯曼（Robert Pressman），《自戀者家庭》（The Narcissistic Family）

有自戀型母親的家庭根據一套無法言說的規則生活。孩子學到接受那些規則，但永遠不會停止困惑和痛苦，因為這些規則封鎖了孩子情感上接近父母的途徑。這些孩子基本上是隱形的——沒人聽，沒人看，也沒人養。悲哀的是，從另一方面而言，這套規則使父母跟孩子之間毫無屏障，因而得以利用和濫用——只要父母覺得適當。聽來很可怕，不是嗎？

爸爸在哪裡？

「爸爸，你為什麼不保護我？我需要你時，你在哪裡？為什麼你總是必須站在媽媽那一邊？我算什麼呢？」

這些呼喊是瑪西在治療中進行「空椅子」練習時發出的。她想像父親坐在空椅子上，自己對父親講述當年的家庭生活，以及那樣的生活如何害她如此孤獨和缺乏愛。她的問題跟許多自戀型母親的女兒對於父親的質疑一樣：你在哪裡？

根據我的研究與經驗，答案很清楚：父親繞著母親轉，就像衛星繞著行星一樣。自戀者必須嫁給凡事都以她為中心的人。這就是他們維繫婚姻之道。以戲劇而言，自戀者是主角，配偶是配角。

男人讓自己陷入這種情況有許多原因，但是就我們討論範圍而言，最有關聯性的原因是他接受配偶的行為模式，而且大多數時候讓對方容易得逞。或許他並非每次都很樂意，但他還是接受了，因為長時間下來他發現這是與她相處最有效的方法。由於這位父親將全副注意力放在妻子身上，他配合妻子的表現會使他看來也是自戀者。他無法關注女兒的需要。

「父親總是迅速回應母親的要求，」四十歲的艾麗卡這樣描述童年時父親的角色。「媽媽是老闆，爸爸的生活以她為中心。他崇拜她的程度讓他幾乎可以親吻她走過的地面。比方說，當我們在看電視，電視上出現了一個冰淇淋的廣告。媽媽會說，『哇，看起來真不錯，』爸爸就馬上開車去商店把冰淇淋買回來。是她決定爸爸買東西的時間，那時候爸爸往往未必想出去，或他正在看足球賽。如果我就這點質疑她，她會反問：『妳父親做這些不開心嗎？』」

丹妮爾與母親以前常有爭執。父親在這種時刻總是責備她。「舉例而言，如果我們爭執的是清潔我的房間，她就會變得非常情緒化，最後會哭起來。這時爸爸就會插進來說：

『看看妳做了什麼。看看妳把妳媽媽氣成這樣！』事情總是跟她而不是跟我有關。」

四十一歲的克萊兒表示，母親控制全體家人，父親是其中之一。媽媽不想跟她說話時，爸爸也會不想。「媽媽酗酒。我們從學校回家時常常發現媽媽醉倒在沙發上。我什麼都不會說，除非發現屋裡有什麼不對勁。後來大哥鼓起勇氣對爸爸說，媽媽全部時間都是醉醺醺的。哥哥查了同義字字典，決定用聽起來比較好的『喝醉了』這個字，但是爸爸給了他一巴掌，說：『不准那樣說你母親。』他總是為她辯護。」

卡門父親視保護妻子為至高無上的任務，「從某個角度而言，他自己的需要也無足輕重。我曾經擔心這一點，但現在我覺得那是讓他們不分開的原因。他們彼此需要，以完成各自功能不彰的角色，維繫彼此的感情不墜於這個世界。我其實不在乎他們怎麼辦到，但他們這種方式影響到我。我的情感怎麼辦？我算什麼？」

卡門痊癒後，嘗試跟母親討論自己的成長經驗。但只要她一開口，父親就會跳出來捍衛母親。卡門感到雙倍不受重視，母親更會雪上加霜地說：「他不是很棒嗎？他是天下最好的丈夫。」卡門說：「他們從來就沒想過，或許跟這事有關的是我而不是她或她丈夫。他們基本上就是繼續自豪這個婚姻多麼美滿，他們彼此多麼快樂。不知怎地，我想提醒他們，爸爸曾經多次偷偷告訴我，他想跟另一個女人離開。他和母親只是生活在否認和假裝之中。」

共築自戀型巢穴的父母之間這種不可言說的盟約關係十分緊密，外人無法進入，對女兒尤然，因為她被母親視為競爭者。顯然地，卡門從其意義重大的復原經驗中領悟到這一點。即使這樣，這份記憶的痛苦依然讓她流淚。可悲的是，父親拒絕面對真相，卻是讓家庭任何狀況都不至於分裂的方法，而許多家庭確實也選擇不處理問題，即使傷及孩子也不管。某一天卡門終將得以不像今日這般痛苦地講述過往。雖然她不可能改變父母的關係，但她能夠減輕這種關係對她本身和她生命所造成的影響。

父母最重要的貢獻之一，就是展示一個健康的愛情關係，讓孩子可以效法。孩子如跟著一位不良的範本長大，日後在愛情關係上比較可能出現某種程度的困難。言教不如身教。

我們在第二部份會看到自戀型母親的女兒們經歷的愛情關係，並討論父母不健康配偶關係對孩子的影響。

自戀型母親的女兒的情感健康被犧牲，這樣父親才能與妻子和平相處。女兒情感療癒的第一步就是說出很容易就受到傷害的毀滅性感覺，以及這種情況產生的無助感。

十九歲的克里斯蒂悲傷地說：「我不懂自己為什麼要被生出來，上帝為什麼把我給了不想要我的她？我記得自己曾經想過無法這樣活下去，但我還是活下來了。我不覺得自己可愛，沒什麼自尊，而且也無法說自己做了什麼不錯的事。爸爸愛我，也曾設法保護我，但是媽媽那樣肆虐，他其實也無法確切地為我做什麼。他必須做她要的事，才能保住婚姻。」

二十六歲的琳達說了親生父親和繼父兩人與母親相處時有趣的不同。「我繼父必須以她為中心而生活，那樣做讓她和他們兩人都很快樂。他注意她的低潮和抱怨，而我的親生爸爸是個酒鬼，喝得爛醉，就不必理她了。」

大多數女兒們表示，如果他們確實與父親關係良好，母親的嫉妒極為明顯。

甘迪絲說了父親在帕金森氏症病垂危之際一個令人心碎的故事。「爸爸躺在醫院病床上，我躺在他旁邊。那確實是他生命最後幾小時。媽媽很生氣我那麼靠近他，叫我起來，然後換她躺在爸爸身邊。我很悲傷，因為我覺得他是唯一愛我的人。多年後，我們閒聊家裡的事。媽媽對我說她必須調整爸爸的財產分配。她說她給我比其他孩子少，因為爸爸活著時我已經從他那裡得了很多。」

寶拉提到父親總想揹著她到處走。「我是爸爸的小女孩。媽媽則會憤怒地說：『放她下來，讓她自己走路。』我那時才三歲，媽媽卻氣我奪走爸爸的注意力——她全部都要。」

溫蒂和父親關係緊密，令她想在事業上向他看齊，她也盡量遠離母親。「媽媽十分嫉妒我與爸爸的關係。他是醫生，我也進了醫學院。我跟他比較能談，他理解我。」溫蒂跟母親，以及母親的人生選擇幾乎沒有交集。「她是家庭主婦，不了解受教育這件事。我以前會跟爸爸一起去打獵和釣魚，做他的跟班，跟他講話。媽媽痛恨這種情況。她總是說：『去跟妳爸爸說；他是我們這裡比較聰明的那個。他是買BMW給妳的人。』」

許多女孩子發現，她們單獨跟父親在一起時，溝通上能夠達到一種不同而且較深入的層次，並且發現父親有愛她們的能力——即使父親的這種能力很小——光是這種撫養狀態已很有意義。

自戀型母親的家庭中，兄弟們過得如何？

男孩子與母親的關係似乎不一樣。幾乎每個自戀型母親的女兒向我傾訴時都表示，她的兄弟或兄弟們都比她或姐妹們更得母親寵愛。女兒們持續表示這種情形非常傷人。一般而言，母親似乎不管這種不平衡，即使被質疑也會否認，但也並非事出無因。兒子與她丈夫的關係不像另一個女孩或女人那樣威脅她，因為男孩不像女孩是她的延伸。

兒子結婚後帶回家的媳婦，則是一種例外。媳婦會開始感到母親嫉妒心的衝擊。在母親眼中，媳婦是競爭者，兩人可能爭奪兒子的注意力。母親以前可能是他生活的重心，但新娘拿走了這個角色。母親應該退到第二線上。但這對自戀型的母親是不可能的。

我每每想到自戀型母親的媳婦總是心痛，她們不清楚自己即將步入怎樣的境地。

吉蓮的兄弟們受到特殊待遇，且往往不盡恰當。母親「跟他們在一起時舉止輕佻。她會在屋裡半裸著走來走去，他們到了青少年時期，她就跟他們談如何做個稱職的情人。」

麗莎有五個兄弟。母親眼中的他們毫無缺點。「她寵愛他們。他們在農場上工作，會送她禮物，而她珍藏他們給她的每一樣東西。他們幫她做飯，她很喜歡這樣。即使到了今天，母親有什麼問題，兒子們也會責怪父親。他們總是挺身護衛母親，她也同樣站在他們那邊。她把他們洗腦了。有兒子在農場上工作大有好處——女兒就沒那麼重要。她甚至設法讓哥哥們不必去當兵。她會說農場需要他們——不論任何事，只要能不讓他們離開就好。至於我，媽媽則是等不及要我趕快長大，結婚，搬出去。」

米拉貝兒的母親去過她家後寫了一封信給她：「我敬佩妳哥哥杰拉德，因為他知道認識上帝是怎麼回事。或許妳願意知道。妳弟弟克雷格努力工作又愛家。他的孩子大家都喜歡。我們在兒子家裡感到賓至如歸，用不著小心翼翼擔心說話不恰當。去那裡總是很開心。親愛的，到妳那完美的家真有壓力。我不得不說，妳很照顧祖母。她總為妳說話。妳似乎在跟隨她的腳步。」

米拉貝兒把信帶到診療室來。她不懂那封信到底什麼意思。「為什麼我的兄弟這麼受寵？我哪裡做錯了？她為什麼說『妳那完美的家』？她嫉妒我嗎？她為什麼說我照顧那我跟她都討厭的祖母？她充滿恨意！天啊，真是傷人！她也不喜歡我妹妹。她最近給我妹妹的信是這樣開頭的：『親愛的曼蒂……我之所以稱妳『親愛的』，只因為妳曾在我子宮裡住過。』」

艾梅麗有一個哥哥，哥哥在母親眼中簡直就是君王。「他比我大兩歲，坐在寶座上，是她引以為傲的男孩。媽媽跟他很親，也渴望受到他注意。她在他身上花了很大的精力。成年後這件事越發瘋狂，他變得非常有錢。如果我的姐妹和我請她來家裡，而我哥哥也邀了她，她一定會棄我們而就哥哥。」

對許多人而言，兄弟和姐妹之間的互動從來就不平等。維多利亞說：「我弟弟現在十八歲，基本上是我帶大的，我也真的很愛他。他有麻煩或需要情感支持時就會找我。但我得說，媽媽對他比較偏心。她不在乎弟弟得到C，但如果我拿了A$^-$，就好像不可原諒。我得到進法學院的獎學金，大家認為理所當然。我總有門禁，但弟弟沒關係。他可以爛醉回家，媽媽不在乎，還主動表示要幫他做早餐。這個星期弟弟在一家酒吧外面被捕，媽媽只覺得好玩。他可以喝醉酒而且行為乖張，媽媽只說：『男孩子就是男孩子。』媽媽對於他跟袒胸夜店女侍約會不以為意，可是卻痛恨我的醫學院男友。母親總是袒護弟弟而挑我毛病。」

童年的每個聖誕節，麗茲的哥哥總拿到比麗茲多一倍的禮物。更有甚者，母親還設法讓兩個孩子比賽誰的禮物多。想想看，誰輸了？

我一直很驚訝，大多數我訪談過的女兒對她們的兄弟都沒有反感。她們縱使自己得不到母親的關愛，但對於兄弟能夠得到，還是心存感激。有些人當然會感到不滿，那也情有可原。如果兄弟們能夠對於母女關係不置若罔聞而看到真正的問題，似乎有助這些姐妹們的心情。她們至少能感到兄弟們知道了自己的處境。

塔拉從來不曾被父兄公平對待。他們兩人經常責怪塔拉要對她和母親之間的困難關係負責任。直到她四十五歲時，哥哥終於對她說：「妳跟媽媽的關係究竟出了什麼問題，怎麼好像妳一出生就這樣？」她等了這麼久，終於感到處境被理解。「他現在能夠看到確實有問題存在，對我來說意義重大。這讓我覺得自己的感受不是那麼瘋癲。」

姐姐妹妹大不同

我發現，同一位自戀型母親撫養長大的兩姐妹，很多時候角色完全不同。對於母親以她們行為而非個人本質論斷她們這件事，姐妹倆都已將其蘊義內化，但兩人的表現卻大相徑庭。一個女兒可能內化這個訊息後說：「好吧，我要給妳看我的能耐，以及我的價值。」最後成為高成就與完美主義者。另一個女兒則可能將母親的態度內化後看輕與放棄自己，覺得自己反正也不會有什麼成績，因而一事無成，或終生都呈現某種程度的自我迫害。我們將在第二部份討論自戀型母親女兒的生活模式時探討這種現象。

此處最需要記住的是，即使我所描述的外在表現看來南轅北轍，但姐妹倆內在狀態極端相似。也就是說，她們的生活形態看來可能很不一樣，高成就的女兒看來外表比較成功，但兩人內在都聽到了同樣負面的內化後訊息和情感掙扎。如果家裡只有一個女孩子，她通常會傾向兩種極端之一，要不是高成就，就是自我傷害。

一個女兒會因為什麼原因走向高成就或自我傷害？我曾經在這方面做了很多思考。根據臨床研究，高成就女兒生命中通常有一個人給她無條件的愛和支持，一般來說會是父親、某個阿姨或姑姑、祖母或外祖母、或者一位老師。自我傷害的女兒若非無人撫育滋養她，就是只能在童年時有限地親近一位能夠扮演那個角色的成人。

我妹妹和我的發展就大相徑庭，或許因為妹妹還小時，我們就搬離了祖母家。小時候，她是我的愛的來源，給予我鼓勵和滋養。妹妹沒有這份跟祖母特別的、愛的聯結，此後的人生比我掙扎得多。但我們兩人都必須對抗內化後深植心中的批判性訊息。

自戀型母親的女兒們似乎在生命各方面都走向極端，也似乎特別能容忍偏頗不尋常的行為，當然這跟她們母親常常如此表現有關。我甚至一度想到，這本書的題目或許應該定為《極端女人》。以下讓我們迅速回顧至今已提及的自戀型母親女兒們必須學習共處的一些極端現象：

1. 自戀會使一個人從宏偉開闊的感覺跳到深層的沮喪，幾乎就像是兩個極端。
2. 自戀的程度像光譜型失序，從一點點跡象到徹底人格失調。
3. 自戀型母親形之於外的極端分為環抱型或漠視型兩種。
4. 自戀型母親的女兒似乎傾向生活形態的相反兩端。要不是以成功為職志而達到高成就，要不就是自我傷害。
5. 女兒們與男性的關係要不是相互獨立就是依賴。

金玉其外，敗絮其內

自戀型家庭成員情緒上沒有聯結。他們外表可能看來關係緊密，但由於家長只注意自己，以致於成員間真正的溝通和聯結鮮少發生。父母們期待孩子自己回應自身需要，而不是像在健康的家庭一樣由父母主導。在這種功能不彰的結構中，成人不處理真正的感覺，因此無法回應孩子的情感需要。

健康家庭模型

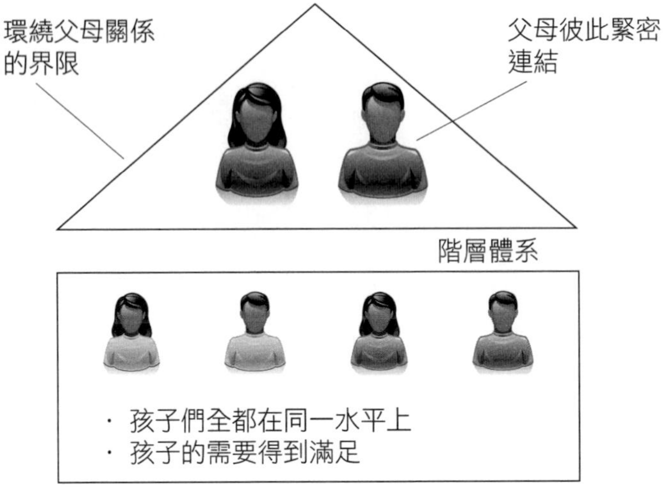
環繞父母關係
的界限
父母彼此緊密
連結
階層體系
· 孩子們全都在同一水平上
· 孩子的需要得到滿足

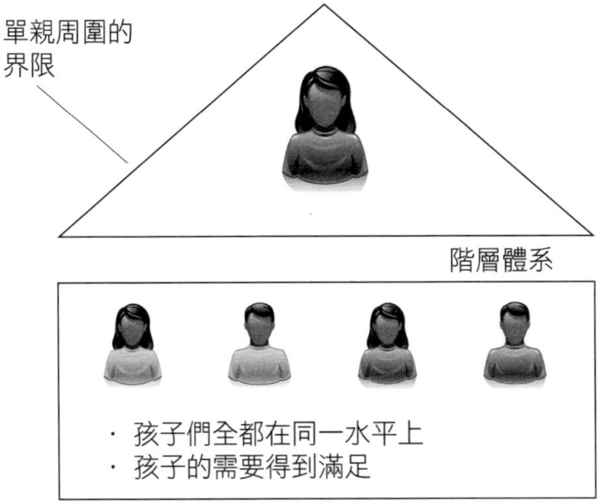
單親周圍的
界限
階層體系
· 孩子們全都在同一水平上
· 孩子的需要得到滿足

在健康的家庭裡，父母情感上是聯結的，對彼此滿意，主導整個家庭，且是家庭結構的最高層。他們的職責是照顧孩子，孩子們靠父母得到支持和保護。父母對孩子散發愛意，努力滿足孩子身體、情感、知識和精神上的需要。前頁是一個取自結構家庭治療模式的健康家庭模式的圖表。

在不健康的家庭裡，這個階層體系變得傾斜，最後孩子還要照顧父母。在有自戀型母親的家庭裡，人人都注意母親，其他家

有自戀型母親的家庭

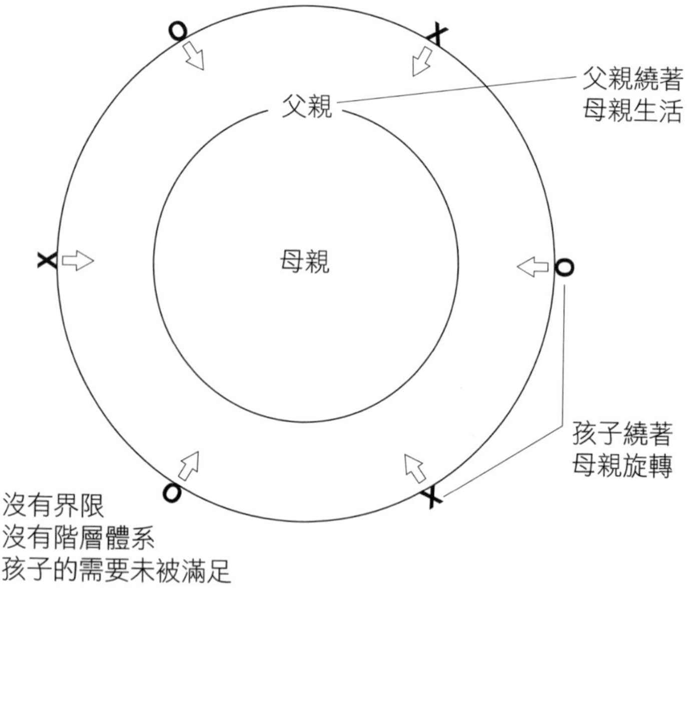

庭成員的需要無法被滿足。母親是階層體系的中心，其他人繞著她生活，就像行星繞著太陽旋轉一樣，右頁是對應的示意圖。

這張圖展示了母親只關注自己而父親配合著照顧她。這些家庭的潛規則是不討論這種互動，因而使這種模式成了家庭秘密。為了維持家庭和諧，孩子們必須保持緘默，不破壞現狀。他們害怕被遺棄，因而掩飾自己的感覺，假裝各方面安然無事。這是一種生存機制，卻也因此學不到如何表達或甚至觸及自己的感覺，埋下了日後許多人際交往困境的根源。

孩子們如果無法依賴父母來滿足成長需要，就無法發展出安全、信任和自信的感覺。信任是身心發展方面一個重大議題。我們從小若未學到信任，日後就很難相信自己、也無法在親密關係中擁有安全感。在自戀型家庭中長大的女兒們一致表示，她們在做個人抉擇時缺乏自信，也難以確認愛情關係。我們在本書談到療癒那部份會檢視發展階段裡可以採取的補救措施。不過，重要的是必須了解，解決沒安全感的後遺症是終其一生都要處理的療癒工作。

自戀型母親往往可能在孩子幼小時盡到某種程度的撫育責任。那是因為她能完全掌控嬰幼兒，能依己意形塑孩子。但是隨著孩子漸漸長大，發展出自己的心智，母親失去控制力，不再擁有同樣的權力，就對孩子開始顯露貶抑和挑剔的態度，希望藉此可以恢復控制權。對女兒而言，母親這種做法簡直讓人抓狂。女兒即使在幼年學到了些許信任，隨著年歲漸長也已忘卻。當女兒提出自然合理的要求而母親無法滿足這些要求時，母親變得憤怒，感覺受到威脅，遂將自己在母親角色上的不適任轉嫁到女兒身上。於是她專注於女兒的失敗，而不是自己無法勝任父母的工作。

妳可能記得，第一章提到的自戀型母親特質中有一項是「理當享有特權的感覺」。這就是說，自戀者認為她配得到最好與最重要的待遇，排隊站在最前面，讓別人大費周章地侍候……等等。也就是說，她的女兒將無法擁有這種理所當然的感覺，因為一山永遠容不了二虎。成年人如果有特權的感覺是不健康和不正常的，但是當我們身為幼小無助、必須依賴成年人的孩子時，我們理當被照顧：每個孩子一生當中都應該有某人非比尋常地寵愛他！我們漸漸脫離這種特權和仰賴成人的心態，轉而學到在情感上照顧和依靠自己。這是心理穩定健康的表現。

在我們歷經人生各個階段時，為了照顧自己，女孩子必須發展出自己與他人之間堅固的界限，她們也需要能夠陳述自己在人際關係中的需求。自戀型母親的女兒做不到這一點，特別是在她們那些需求與母親的期待相牴觸時。這就使女兒不得不壓抑自己的感覺和需要，否定自己，學習偽裝。缺乏健康的界限，所有關係在某些方面都會不平衡。

有些健康的界限需要直截了當的陳述和清楚的溝通。自戀型家庭的溝通方式一般都是偏頗無效、所謂的「三角式」（triangulation）。母親不直接跟女兒對話，卻可能將自己通常是負面和批評的想法和感覺告知另一個家庭成員，希冀此人會告訴女兒。然後母親就會否認自己說過，即便訊息確實是以某種方式從她那裡發出來。這種三角式溝通法是形似消極的積極作法，等於在說「我會報復妳，但不直接跟妳起衝突。」不幸的是，許多家庭都是以這種功能不彰的方式溝通，而自戀型家庭特別突出。

在療癒過程中，妳會學到實話實說。不用再偽裝，不用再做表面功夫，不再呈現不真實的自己。

就像裡頭長了蛆的亮麗蘋果一樣，自戀型家庭隱藏了大量的痛苦。要了解這些人際關係互動如何造成女兒無意識地創造出不健康的生活模式，我們就必須進一步探討自戀型家庭對於形象的關注。這種關注的準則就是「全都跟媽媽有關」以及「全都跟形象有關」。

Chapte 5
形象第一！不管發生甚麼事，妳都得笑臉迎人

形象！媽媽最關心的就是形象！直到她五十四歲死於抽脂手術後遺症，媽媽一直都著迷於外表。

——瓊安，四十五歲

「露出笑容！肩膀挺起來，頭抬高，不要讓別人知道妳不快樂。」從小我就不斷聽到這樣的叮嚀。記不得有多少次我快要皺眉頭或哭泣時，媽媽就會對我說這些話。如果真正的感覺是悲傷、憤怒、困惑，或某種痛苦，卻非微笑不可，其實是很傷人的。有時候眉頭深鎖、悲傷、憤怒，流露出真正的感覺，事後的感覺反倒不錯。

看起來怎樣比「感覺怎麼樣」更重要

自戀型母親的女兒會受到母親身教或言教告知，「妳的外表比妳是什麼人或妳的感覺更重要。」這種「形象教訓」與健康的自我幾乎沒有關係，它來自自戀型母親內在不安全和脆弱的自我。自戀者通常會大費周章引人注意，使別人認為他們很特別。他們甚至也說服了自己相信這是事實。但他們的本質其實是一個迷惘和發展不足的自我，很小、不完全、有缺陷。

我們文化中的物質主義、進步的科技和物質富裕，促使人人看重形象和自我表現，但女人更容易受到影響。女人對於苗條、健美和完美等持續存在的文化理想也較會照單全收。自戀型母親的女兒不僅面臨文化的壓力，也接收到自己母親在維持完美形象上無時無刻的耳提面命。對我輩而言，真是禍不單行！這些集合力量往往對於想要做自己的女孩或女人形成巨大的挑戰。接下來我們就要討論來自母親的形象教訓，然後看看我們的自戀文化如何以鋪張的強化措施為這些訊息裹上糖衣。

投射正確的「形象」：母親的反射

電影「來自邊緣的明信片」是根據卡麗．費雪（Carrie Fisher）的半自傳小說為藍本。莎莉．麥克琳飾演的母親因病住進醫院，她唯一擔心的是自己的頭髮和化妝，她告訴女兒下葬時不要沒有眉毛。梅莉．史翠普飾演的女兒向醫生這樣解釋他們的家庭：「我們家比較是為公眾而不是私人設計的。」對此，我治療和訪問的女士們都表示同感。

形象是母親希望所有人眼中看到的她，她期待女兒進一步擦亮那個形象，為了家庭而將那個形象帶到別人面前。但是大多數女兒被這個期待擊垮了。她們無法帶著母親的形象，也難以建立自己的形象。

二十八歲的唐雅表示：「媽媽熱切盼望我是『理想女孩』。她想要做學校最受歡迎的女孩，跟足球員約會、樂隊女隊長和畢業舞會皇后那一類的人。我不是那種少女，令她十分失望。我當時得了焦慮失調，自我評價很低。」

女兒們將母親形象訊息內化後，可能在她們成為獨立的成人後繼續存在於生活中。

貝拉說：「我學到外觀比感覺重要。我在個人外表和家居都遵循這個原則。我但願自己不是這樣，但不論誰到家裡來，我都希望屋子看來漂漂亮亮。媽媽家總是乾淨漂亮。除了單獨跟丈夫在一起，我不會沒化妝就到處走。我喜歡好好照顧自己，出門時我會跟其他女人較勁。社會上推崇苗條、漂亮和悅目，讓我很有壓力。」

「形象的訊息強烈，」四十三歲的杰茜卡說：「一直到今天，我在家裡還是要把每樣東西都弄得很好看，無懈可擊。家族成員中沒有人知道我和丈夫之間有矛盾。形象這個概念也使我關心自己的外表。現在我想去隆乳，我還嫉妒別的女人。」

「媽媽去世前已經昏迷了好一段時間，」五十五歲的瑪格達回憶：「護士之前把她的頭髮梳到後面，做了一個髮辮，很難看。她死後我在殯儀館看到遺體，那個可笑的髮辮還在那裡。爸爸幫她穿好了衣服，但是那條髮辮，唉！我當時唯一能想到的，是她絕不會希望自己死時別人看到她頭髮那個樣子。」

符合母親的期待有時候需要拋棄個人選擇。

查麗告訴我：「母親特別注意姐姐和我的外表。我們經常繫上同樣的蝴蝶結，穿同樣顏色的衣服和鞋子。我不記得十四歲以前自己曾經挑選過任何東西。」

母親有時候完全不顧女兒的願望，最後女兒可能會認為自己是一件物品，而不是一個人。我母親以前會把我的頭髮往後緊緊綁住，弄得我的眼睛都斜上去了。我會哭著說痛。母親給我的訊息是：「要漂亮就得受苦！」我到現在仍然不懂那是什麼意思。是說如果我看起來不是某種模樣，我就不會成功，不被別人接受，沒有人愛嗎？是說如果我呈現出別人接受的模樣，就必須受苦嗎？這是多麼讓人不舒服的觀點啊！永無止境地追求美麗是可能讓人不勝折磨的。

三十四歲的翠莎說：「『外表』這個問題一直都在。母親經常把我臉上的瀏海撥開，說：『看看她的臉孔。』我十三歲時被趕出門一次，只因為瀏海太長。母親曾就這樣走過來，將瀏海一刀剪斷。」

宋佳的母親以前常說：「我們一定、一定、一定要讓胸部美美的！」還對她說：「天啊，女兒，做做那些運動吧。妳不知道如果胸部不發育，根本沒有男人會注意妳嗎？」

過份在意「事情看來如何」可能造成自戀型母親（或祖母）忽視基本的撫育責任。

阿曼達提到女兒因為惹上麻煩而需上法院，當地記者對此案興趣濃厚，處處都有記者出現。阿曼達需要母親幫忙，可是母親太在乎自己現身時的形象：「她說她不能跟我和她外孫女一起出庭，因為她無法因應媒體看到她崩潰的模樣。媽媽繼續說我的孩子多麼會惹麻煩，而她是如何不曾把她的孩子教成這樣。好像這是她的官司似的。她總是說得好像事情多得讓她不勝負荷！」阿曼達最後鼓起勇氣告訴母親：「媽媽，妳知道嗎？我喜歡我的孩子勝過妳的孩子！」

卡茜剛成年時有段時間完全不告訴母親任何事，因為母親總是用這些事情對她個人形象的影響來證明卡茜多棒或多蠢。「她一直希望我嫁給醫生。我的成就好像是她的標誌。她會安排我跟低俗的醫生約會，然後仔細觀察我，確定我看來好還是不好。我拿得出去嗎？我讓她難堪嗎？」

五十八歲的李絲麗記得自己還是孩子時曾擔心父母的財務狀況。「他們一定曾在我面前談過這個問題。我決定自己必須幫忙。我是那種拔刀相助的人。因此我打電話給祖母，問她能不能寄一些錢來幫助他們。很合理，是不是？不過，祖母也有一點自戀。後來她見到我時，嚴厲斥責了我一頓。『絕對不要再打電話跟我講任何私事，特別是跟錢和妳父母的事！我們鄉下大家共用電話線，別人會聽到！』」我們想想看，我那時大約七歲。這說明了什麼事嗎？是的，奶奶，我不會再讓妳難堪了。不要在乎一個小女孩擔心父母的感覺。我不記得當時自己有沒有納悶屬於我的位置在哪裡。也許沒有。我應該只是覺得自己是個『又』做了錯事的壞小孩。」

如果一個女兒不完成母親為她設定的目標，有時候難免會覺得自己「真正的成就」無關緊要。

三十歲的茱莉回憶道：「每次我準備好要跟父母一起去參加中學的家長會，媽媽都會逼迫我思考穿什麼衣服，梳什麼頭髮。她從來沒提過我的作業被選為全班第一。從來沒花時間看我各個學科的成績單。我從不覺得媽媽看重過那些『我看重自己的事情』。」

對於形象鍥而不捨的關注，會使真正的感覺失去容身之地時，女兒往往被迫敷衍應付母親的現象。

二十二歲的瑪雅告訴我：「媽媽和爸爸分開後，媽媽教導我，任何時候跟爸爸在一起，都要露出快樂的樣子。『不要給他看我們沒有他就受苦的模樣。』她會這樣說。我雖然心裡很苦，卻不想違背她的意思，因此我覺得自己彷彿真的在臉上畫了假笑。當爸爸問我好不好時，我就會說：『好極了。每件事都很好！』那樣說謊讓我很有罪惡感，好像我正在背叛父親。」

我們因為整個童年和青少年時期內化了這些訊息，自己也變得特別注意形象。我們覺得未受到公平對待，而我們身處其中的自戀型文化也強化了這些童年訊息。

投射「正確的」形象：文化反射

一言以蔽之，今天美國文化所謂的形象是指「怎樣的形象」而不是「誰的形象」。有關表現、超越，以及美麗的訊息充斥在日常生活各個層面，而普遍性的自戀似乎正日益顯著。正如亞歷山大．羅文（Alexander Lowen）在《自戀：否認真正的自我》（*Narcissism: Denial of the True Self*）一書中引用的說法：「當財富的地位高過智慧、聲名狼藉比自重自愛更受欽羨、成功比自尊更重要時，這個文化就是過份看重『形象』，必須界定為自戀。」

當下年輕人奮鬥的目標把這個情況說得很明白。《今日美國報》（*USA Today*）有一篇關於Y世代（年齡十八歲至二十五歲）的報導，表示這群人的人生目標就是名利雙收。

打開一本名人雜誌，裡面談的全是有錢有名……從以〈金錢歌〉（Money Song）開場的實況電視節目「誰是接班人」（Apprentice）到《美國週刊》雜誌（*US Weekly*），你都可以看到許多名人和他們數百萬美金的房子。我們在實境秀「新婚夫婦尼克和傑西卡」（Newlyweds: Nick & Jessica）中看過年輕富豪的生活，我們還看過歌手小甜甜布蘭妮和希爾頓飯店繼承人名媛芭黎絲的生活。除了朋友，我們認同的是這些人。

我們大可製作一個紀錄片，揭露媒體對於自戀的影響，特別是那些實境電視節目——「好萊塢比佛利山整形醫師實景秀」（Dr. 90210）、「誇張整形手術」（Drastic Plastic Surgey）、「稱心如意」（It's Good to Be）、「名人豪宅秀」（MTV Cribs）、「終極整容」（Extreme Makeover）只是其中幾個而已。我在最近觀賞的旅遊生活頻道（TLC）裡看到一個特別悲哀的例子，就是「身體改造」（Body Work）。

一個大約十六歲的年輕女孩，即將去整容醫生那裡動隆鼻手術。她母親之前由同一位醫生做了幾個整容手術和玻尿酸療程。醫生告訴這個女孩她很漂亮。她則對他說，也許她漂亮，但是跟學校其他女孩比起來則未必。她繼續說，在她上的那所私立學校裡，唯一能接受的就是「完美」。

我們要讓下一代這樣思考嗎？我們要孩子們受這種「炫耀式思考方式」的影響嗎？根據非營利組織女孩公司（Girls Inc.）主導的一項全國性「超級女孩兩難」（The Super-girl Dilemma）研究顯示，年齡小到才十歲的女孩子就會感受到「熱愛運動、漂亮、苗條和聰明的壓力。」書報攤上幾乎每一本女性雜誌都充滿了這類文章：如何看來更漂亮、如何吸引並保住一個適婚單身漢、如何有成功的事業，甚至有關如何養育出成功的孩子——其中，美貌依舊是重點。「超級女孩兩難」這份研究報告顯示，「調查結果與預期不謀而合……女孩子的外貌仍然是她最重要的資產。」

就像奧德麗．布蘭西（Audrey Brashich）在《都是假象》（*All Made Up*）書中寫的：

> 根據報導，百分之五十九的青少女不滿意自己的身材，百分之六十六希望減重，超過半數表示，雜誌上那些模特兒的外表影響她們對於完美女性身材的印象。有些女孩子對於變胖的恐懼大過於害怕核子戰爭、癌症，或失去雙親。

毋庸諱言，呈現在娛樂事業、時尚伸展台、電視、雜誌，以及一般媒體上的影像影響了女性對於自己的感覺。自戀型母親的女兒必須對付媒體上這種對於形象不可自拔的迷戀，以及來自母親方面「外表就是一切」的指導。

在多芬（Dove Corporation）進行的一項調查中，女性受訪者表示，她們感受到美國廣告界關於美所描繪的「完美」圖片帶來的壓力。

百分之六十三的女性非常同意今天的女性被期待比她們母親那一代更具吸引力。百分之六十非常同意社會期待女性提高肉體吸引力。百分之四十五女性覺得漂亮的女人機會較多。超過半數非常同意男性比較看重肉體較有吸引力的女性。超過三分之二（百分之六十八）的女性非常同意媒體和廣告定下了不實際的美麗標準，大多數女性都達不到。不只半數（百分之五十七）的女性非常同意女性美的意涵在今天已經變得非常狹隘。

根據多芬研究，只有百分之二的女性認為自己美麗，只有百分之十三的人滿意自己的體重和體型。我對於一些多芬女士們同意只穿內衣或甚至裸體拍照印象深刻，她們似乎已擺脫了我們文化裡完美主義的桎梏。然而也有數以千計的其他女性會花費五千到六千美金，將手臂上鬆垮的肥肉除去。一個比較不具侵略性的修飾方式是借助惠普公司（Hewlett-Packard）製造的相機 Photosmart R-927，該相機有一個裁剪功能，可以用數位科技除去照相機原本應該攝入的十磅肥肉。

某些收入中上的家庭習慣在女兒十六歲生日時送她一部車。現在許多地方的成年禮是一次隆胸手術。

由於有些人願意為了「外觀」付出巨額鈔票，整容手術方興未艾。一九九七至二〇〇三年之間，美國接受整形療程的人增加了百分之兩百二十，而且越來越多的少女高中畢業時收到的禮物是隆胸手術。一年內，十八歲及十八歲以下做隆胸手術的女孩幾乎躍升了三倍，也就是從二〇〇二年的三千八百七十二人增加至二〇〇三年的一萬一千三百二十人。

我女兒才五歲時，我就開始設法對抗媒體入侵，我告訴她：「內在比外在重要。」有一天，她和五歲的玩伴站在穿衣鏡前精心打扮，看著自己的頭髮。她的小玩伴說：「梅根，我們很漂亮，對不對？」我那資訊正確卻因年齡太小還懵懵懂懂的女兒回答：「我媽咪說，漂亮很好，但是真正重要的是我們的腸子和血管！」好吧，我或許太早開始教育她了，但我確實是想給她一個在將來很重要的訊息。

真實誠懇的反思

年輕女孩從自己母親和文化裡學到如何做女人、妻子、愛人、朋友和母親。一個心理健康且有安全感的母親，如能協助女兒因應時下文化裡關於名流、財富以及完美外表的既定想法，這個女兒就得到正確的訊息；也就是說，健康的女性概念其實與「她是誰」有關，包括她的價值體系、標準、勇氣、正直、堅韌的意志、愛與理解的能力，以及她個人的行為模式。但那些被教以外表的重要性勝過個人感覺、自我認同、價值觀以及誠實可靠的女性則會有空虛之感。

每次我聽到蒂娜・透納（Tina Turner）唱「『愛』跟這個有什麼關係？」（What's Love Got to Do with it？）這首歌時，我真心希望那個訊息是「『美麗』跟這個有什麼關係？」

「愛」其實跟我們健康發展的每一件事都有關係。

自戀型母親的女兒為了從這種空虛感以及專注於形象的生活觀中康復，首先必須學習如何從一個獨立個人的角度看待自己。她開始找出那些讓自己美麗、獨特的事情，並離開那些習以為常的、對待別人與環境不誠懇與不經思索的反應方式。不過，在我們展開這些重要的康復步驟之前，我希望妳省視自己與自戀型母親共處的童年如何影響了妳的生涯規劃、人際關係、為人父母，以及立身處世。讓我們一起檢查一些明顯的模式吧。

PART 2

公主媽媽
如何影響妳的人生？

我們在前面章節列出了自戀型母親的特徵與動態，現在要來看看這樣的母親如何直接影響妳的人生。

自戀型母親的女兒吸收了這樣的訊息：「我的價值來自表現，而非存在。」我們成年後，這個潛在的人生準則可能是以兩種截然不同的方式表現出來：要不是變成高成就者，就是變成自我迫害者。

由自戀型母親撫養長大，會對妳的內在產生長遠影響。

要除去這種烙印，成為自己的主人，就必須進行第三部份的復原計劃。

但首先，妳得確認自己的行為模式是哪一種。

Chapte 6
高成就型女兒：因為我不夠好，我得更努力！

我很小的時候，大概十歲吧，就認定努力工作是唯一讓自己感覺良好而彌補所有「不夠好」訊息的方法。但願當時有人告訴我，其實那樣做並不會像我想的一樣填補缺憾。努力工作以脫困，當時聽來還不錯。

——凱莉，三十五歲

我用「超級女英雄」稱呼高成就的女兒。她會快速完成一連串工作，藉以向母親和全世界證明自己本事高強。「我是有價值的」，她嘗試告訴自己和母親，「因為我能完成超乎尋常、令人刮目相看的事」。她發現，很難只因為自己的存在而愛自己。她將自己的價值寄託在成就與忙碌上。當她不是在完成自己（或別人）認為了不起的任務時，她會感到自己沒用。高成就者成為「工作者」而不是「平常人」，後者能接受只「做自己」，而且不特別做什麼也很自在的生活方式。

這樣的女性表面看來是超級英雄，但她們的生產力和成就無法讓內心真正獲得成就感或自在做自己。她們從來不給自己應得的讚譽，總是奮力擺脫不足的感覺。她們不斷尋找更多可以完成以證明自己的事情。她們處在長期焦慮的情況下，不知道這種追逐成就的心態如何妨礙了照顧自己的能力。超級女英雄可能是受過高等教育和專業人士，也可以是在家裡追求完美的家庭主婦，她們都覺得自己做的永遠都不夠好。

妳是超級女英雄嗎？檢驗方法之一是看看妳如何定義自己。妳是否通常這樣描述自己：「我有愛心，善良，努力做個誠實的人，而且以某種方式貢獻社會」。還是用比較偏重個人表現的方式：「我是一家大製造工廠的執行長，我是企業主，我是律師，（或者）我是四個孩子的母親、女童軍領隊，而且還教主日學」？

妳或許已經學到，為了讓母親接受或認可，妳必須有表現。如果妳母親是一個「成就中心」的自戀者，我們在第三章討論過這一點，那麼妳就是在效法這種模範與遵守「以成就換取價值」準則的氛圍中成長。即使妳受到這樣的期待，但妳的成就並未讓妳對自己滿意。因為不管妳多麼努力達成目標或表現，妳仍然聽到內在的訊息：這是不夠的。

這種態度令人沮喪、悲傷，而且感到難以承受。妳總感到多做一點的督促，但做得多只讓妳很短暫地覺得自己不錯，因此妳更加振作，希望最後還是有辦法徹底滿足自己。大部份自戀型母親的女兒不了解這種督促的起源，只覺得必須不斷努力。就像普瑞斯曼和普瑞斯曼（Pressman and Pressman）在他們合著的《自戀家庭》（*The Narcissistic Family*）中所說：「工作狂的根其實源自於自戀家庭：『我工作，因此我存在』可能是許多來自這些家庭許多青年人之座右銘。」

漂亮的羅莎看起來總是一副內心慌亂的樣子。在任何團體裡，她總是多做一些超過份內工作的事情。她解釋道：「我必須很辛勤地工作，讓自己有理由身處於此——就是必須工作、工作、工作。」

簡瑞琳是三個孩子的母親，也是大學教授，她自己的努力過程很早就開始。「我從小就開始了好『還要更好』的競爭。我的學科全拿A，高中就先修了大學課程，參加各種運動和音樂課程，模範生，輕鬆進入大學和研究所。一切看來都很好，但我總覺得我好像是在努力證明某種東西，好讓自己的存在有意義。」

我得承認自己也適合被納入這一類型。有時候，我能夠因為自己的成就而覺得自己不錯，但即使我這麼想，依舊感到有什麼沒做好。我這一生真正會生氣的，是別人問我為什麼要多做某件事——多一個學位，多一個事業項目，多一個重大計劃。妳自己或許也無法真正對自己解釋清楚，除非等到完全療癒並看到妳行為背後所有動力的真相。

我們這些女兒們可能設法把自己解釋為某種個性，或只是過份有企圖心。但我們內心知道這種盲目競爭別有原因。以前，我研究所還沒畢業時，我總重複做以下這個夢，反映了這種下意識逼迫自己比別人工作更努力，要把事情做到完美的狀況。

我站在臥室穿衣鏡前穿衣服。我正用慢動作費勁、艱難又充滿挫折地試過幾件不同的搭配，沒有一套看來順眼或正確。不過我還是繼續一件換一件。臥室外走廊上傳來一個聲音：「夠了，妳只要做自己，怎樣穿都沒問題。」

多年來我都誤解了這個夢，以為是跟我丈夫對我出門前的打扮沒耐性有關。不過最後我終於了解，走廊上的聲音是我的直覺在呼喚我，確認我的個人本質毫無問題。

所以，這是什麼意思呢？

妳如果符合對於超級女英雄的描述，可能會問：「可是，如果我的選擇是自願的，而且我從事的就是我想要的工作，只不過正好成就比一般人追求的高，那又怎麼說呢？這樣錯了嗎？」當然，有一些高成就者正在做她們真正想做的事。許多自戀型母親的女兒選擇了超級女英雄道路後，成為真正傑出、了不起的女性，我也推崇她們的眾多才藝。事實上，有時來自自戀型母親的傳承最後倒成了一份禮物，成為內心鞭策自己努力不懈的力量，這可能不是別人會有的機會。一位特別有才華的女性這樣詮釋：

> 我一直覺得我的藝術是「別人無法觸及的」；我那自戀型母親無法影響它，因為那是內在的活動，所以不在她影響範圍之內。在我成長過程中，這是一個隱秘的小確辛。我得

在自己內心花很多時間，不打擾她，安靜不惹人注意，於是我的繪畫能力似乎就這樣自然而然地發展出來了。如果我必須說一件成長於自戀型家庭的好處，這件事將居首位。

如果妳是一位高成就者，追尋妳自己選擇的人生大夢，並且肯定自己的努力，又在過程中將自己照顧得很好，妳就做得非常正確。高成就者只在下面這些情況下才會出問題，也就是當妳：

1. 因為沒好好照顧自己而出現身心健康問題。
2. 只訴求外在，以認可自身價值。
3. 發現妳在人生各個層面都無法用成就來肯定自己。

我們來看看超級女英雄的個別瑕疵，確定妳並未落入陷阱，或即使妳已經落入，也有辦法一步一步爬出來。

缺乏自我照顧

忙碌或工作狂，可能是類似酗酒、毒品、或食物上癮的一種自我傷害行為。對於痛苦置之不理，也會產生同樣的效果。如果妳長期疲憊，發現自己無法將生活步調放慢，而且開始出現健康問題，那就是檢查妳的行動是否適合自己（不是妳母親或妳內在批評聲音）的價值體系，以及是否損及健康的時候了。外表看來堅強與不易受傷，或許是為了逃避內在自覺不配所產生的空虛和痛苦。以下是幾位開始調適這種行為的女性：

莎曼從外在表現，而不是從個人本質尋找價值。「我吃苦耐勞。之所以這樣是母親訓練出來的。我不知道何時要停止。這樣的生活影響了我的健康。我有多發性硬化症，過去幾個月做了九次乳房切片檢查，我還有大腸急躁症、體重過輕，以及關節炎等問題。除了一份全職工作以外，我還有四個會計顧客。我是女兒學校的女童軍領隊和小運動員教練，我設計珠寶，也會自己種蔬菜。人人都因我做的事情而注意我，不了解在那些事情的『後面』還有一個我。我沒辦法稍坐片刻。總覺得自己好像正在一次跨越幾個小建築，如果坐下來，就會撞爛一切。」

博妮對自己的高成就有些許遺憾。「我從不曾請過病假，就算真的很不舒服也不請。我做的每件工作都是百分之百傾注全力。事實上，我的每次表現也都是一百分。撫育女兒是唯一讓我覺得開心的事。只是有時候我覺得自己應該待在家裡陪她們，可是卻花了太多時間和精力在工作上。現在我感到有些遺憾，除了花在兒女的時間上不多以外，也因為我被檢查出得了纖維性肌炎。」

四十五歲的瑪蘿告訴我：「我是成就超高的完美主義者，工作品質超優，家裡一塵不染，不斷有達成新目標的渴望。我從未覺得自己夠好，總覺得應該做得更多。我經常覺得焦慮、擔憂、壓力過大。」

一旦妳認清自己正在用各式各樣的成就彌補脆弱的一面，就會看到妳對自己和妳所愛的人一直都不公平。然後妳就會採取改變的步驟。

比較內在與外在的認可

需要被肯定，有可能是一種兩難的狀況。一個孩子如果早年得不到認可，少女時期也不能肯定自己，往往就會訴諸加倍努力與更辛勤的工作，以獲取來自他人的肯定。這是一種下意識的誘惑，因為超級女英雄幾乎永遠能力高強而富有競爭力，也因此不難得到來自朋友、家人、工作或一般社會大眾等外在的肯定。他人的讚美似乎填補了空虛，但是仰賴外在的稱譽有可能帶來焦慮。由於那是「外在的」肯定，女兒並不擁有或掌控它，所以可能隨時被拿走。如果她沒繼續展示成就，這些可能也會消失。

另一方面，妳若學到自己肯定自己，就能睡得心安理得。妳在本書關於復原的部份會學到更多達到這種效果的方法，不過我們目前且先仔細檢驗妳何以覺得「肯定自己」那麼困難。

我目中無人嗎？

許多女兒們害怕讚賞自己。當她們極為罕見地這麼做時，就會覺得自己好像是自戀者，或至少是跟母親一樣目中無人。如果妳擔心會因此而變得跟母親一樣，請記住真正的自戀者「極端認為自己重要，比方說會誇大成就和天份，期待在沒有可觀成就的情況下被認為高人一等。」

自戀者以矇騙的方法表現傲慢，大多數時候其夸夸其言並無根據。她需要讓自己看來大過真實，因為自知不足。但極端高成就者的超級女英雄型女兒們擁有不可勝數、非常真實的成就，因為她們非常努力。為自己的成就自豪不是自戀。妳不需要自吹自擂，但是要給自己應得的讚揚。在該讚賞自己的地方讚賞自己，有助減緩馬不停蹄的盲目競賽。

試著去滿意自己已經做好的事情吧。

我虛有其表嗎？

高成就超級女英雄型女兒們難以稱讚自己的另一個理由，是一種叫做「虛有其表症候群」的恐懼。苦於此種恐懼者不論所完成或維持的成功屬於哪種層次，均無法接受與宣稱自己的成就，她或許有豐富的證據，足以顯示自己辛勤獲得的成就，包括財富和物質，但仍然堅信自己不應如此成功，或自己只是在唬人而已。對於外在的成功，她不以為意，認為那只是運氣或時機好。

「虛有其表症候群患者」通常覺得自己好像一直在騙人，讓大家以為她比別人聰敏或擁有的技能比自己相信的程度高。大多數認為自己欺世瞞人的是女性，雖然也有些證據顯示許多男性也可能有同感。

自戀型母親的高成就女兒很有可能罹患虛有其表症候群，因為我們從小的家教經驗就是讓我們自覺永遠不夠好。女性不覺得自己有價值時，就會相信自己不配成功，也無法接受成功或肯定。

四十六歲的瓏妮聰明、有成就，是一家成衣公司的老闆。她這麼說：「我總是不由自主想表現得技高一籌，但實際上我不認為自己有本事。我經常擔心有人會發現我沒把工作做得真的那麼好。我只是知道如何讓表面看來不錯而已。我很困擾，也知道總有一天有人會發現這個真相，而認為我虛有其表。」

五十七歲的艾倫是成功的房地產經紀人。她不把這樣的成功歸功於自己的努力。「我每次完成一個大案子，即使知道自己已經竭盡心力努力過，但總認為那是運氣或僥倖，錢財只是又一次朝我滾來，下次一定會失敗的。」

三十八歲的卡瑞娜記得自己拿到博士學位時的感覺。「我的確寫了那本辛苦的論文，但是不瞞妳說，我絕不會讓任何人讀它。我不要別人看到內容有多糟。我能拿到學位簡直不可思議。或許我的研究領域就是特別容易，或者教授們覺得既然我花了這麼多時間就一定要讓我通過。」

從以上的例子，妳可看到女性低估她們真正的成功。高成就的女兒們除了這些傾向以外，還會貶低自己，看輕自己的正向特質，因為他們害怕有人會認為她們傲慢。這種狀況是成長期被母親視為嫉妒對象的後遺症。

有篇文章題為〈虛有其表症候群簡介〉，詳細記載了一些自戀家庭的互動方式。

態度、信仰、我們從父母或早年生活中其他重要人士得到的直接或間接的訊息，都可能影響日後發展出虛有其表感覺。此外，一些家庭狀況和互動也可能是虛有其表感覺的來源：像是成功和工作升遷，與家人對於性別、族裔、宗教或此人年齡的期盼發生衝突時，或是有不切實際生活標準、要求過份嚴格，以及充滿衝突和憤怒的家庭等等。

具有虛有其表症候群的高成就女兒們很有可能產生這些問題：「焦慮成性、缺少自信、容易沮喪，以及跟無力達到自訂成就標準有關的挫折」，並且通常無法使自己從「證明自我價值」的追求中停下來，除非她們參與並完成了復原計劃。

即使擁有長期和不斷的成功經驗，虛有其表的感覺似乎也不會減少。這就是內化後的訊息力量。一些了不起的女性們分享了下面的故事：

麗蓮盼望在功成名就後輕鬆享受生活，但她做不到。「我從小就無法得到肯定。如果我拿回家的成績是B，總是被問『怎麼不是A？』如果我將浴室整理乾淨，總會被認為不夠乾淨而必須重整理一遍。我現在已長大成人，是成功的劇作家，應該終於能夠享有某種成功的感覺，但我從肯定自己，因為我永遠不知道什麼時候又會收到另一個批評……也許會發生什麼事，使得意的自我再度蒙羞。」

卡希蒂經常問自己：「我上了醫學院，功課很好。我對於幫助別人滿懷熱情，而且熱愛這份工作。人們叫我『醫生』，尊敬我，請我幫忙和提供意見。就算我現在知道自己有具備這些重要的能力，我還是懷疑自己敢不敢說這份困難的工作是自己努力掙來的。我不是只有現在才是高成就者，其實我向來都是，但媽媽總是警告我：『不要自以為是。』」

五十九歲的雷娜認真照顧自己，只不過雖然「有時候我的自我感覺還不錯，但這種感覺從不會持續太久。我的自我評價沒多久又撐不住了。自我懷疑只是轉念之間的事。我老公常常對我說：妳知道妳有多厲害嗎？我真的很驚訝自己會得到獎賞。誰可能會選我？我的履歷表可以寫六頁，但是竟然說不出『該你了，做個真正的自己吧。』」

四十五歲的金妮說：「我的運氣真不好。家裡沒有人支持我。我在學校受肯定，參加演講比賽，加入運動隊，還代表畢業生在畢業典禮上致辭。但內在的我卻是夜晚哭著入睡。十四到二十歲之間，我長期沮喪而不自知。學校是我的情緒出口。那裡有人說我聰明、說我不錯。我卑微地接受獎賞。穿很多衣服把自己包起來。我的外形不錯，可是我想隱藏起來不給人看。當時真的沒有自信。我那時好謙卑呀。我不能為自己的表演自豪，不然媽媽就會在情緒上折磨我。至今我在別人面前依舊保持低調。沒有任何人指導過我。我在商界白手起家，從毫無概念開始，如今已在公關界取得一席之地，算是資深專業人士了。我知道自己曾經努力工作，但總覺得像是虛有其表，是個騙子。這種踐踏自己的生活方式實在讓我心力交瘁。」

這些有才幹、經驗豐富、甚至聰明且有自覺的女士們，有個會挾持她們成就的自戀型母親，但現在她們繼續這樣對待自己。我很喜歡瑪麗安妮．威廉森（Marianne Williamson）下面這段給我很大安慰和啟發的話。我希望妳們可以展開本書第三部份的復原過程。

> 我們最深層的恐懼不是缺乏能力，而是擁有超出預期的能力。讓我們害怕的是我們彰顯於外的光，而不是隱晦於內的幽暗。我們問自己，我究竟是什麼人，竟然這麼聰明、美麗、才華洋溢、了不起？
>
> 事實上，妳為什麼不可以？妳是上帝的孩子。妳將自己矮化無益於這個世界。縮小自己，使別人在妳身旁不致於有不安全感，其實並沒有任何鼓舞人心的意義。我們應該讓自己

內在的光彰顯，就像每一個尋常的孩子一樣。我們天生就是要彰顯住在我們內心的上帝的榮耀。這種榮耀不是只存放在某些人心中，而是在所有人心中。我們只要讓自己的光顯耀，就等於許可別人照樣做。當我們從自身恐懼中解放出來，我們的存在就會自動使別人也得到了自由。

麻雀變鳳凰行得通嗎？

如果妳發現自己符合超級女英雄的描述，就要知道還有很多人跟妳一樣。本書第三部份會讓妳清楚看到邁向復原的路徑。

許多自戀型母親的女兒都內化了下面這個訊息：要好好表現，但是不可以表現得太好，以免超過母親。我也不想給妳模棱兩可的訊息，所以讓我再說一次，妳的成就確實是了不起的。妳已克服重大的障礙，成為令人讚賞與欽佩的女性，現在妳必須照顧自己，給予自己應得的掌聲。然後妳就能欣賞真正了不起的自己，珍視自己，因為妳值得。

Chapte 7

自我傷害型女兒：再努力都沒用，那就自暴自棄吧

柯琳茜也看到了用辛勤工作逃避現實的途徑，不過她沒這麼做。柯琳茜性格裡有一些忤逆、搞怪和反叛的成分，引領她得到解放。她個頭小，但是精明，老早就看出怎麼回事。妳跟好女孩一樣那麼辛苦工作、通過考試、上大學，有什麼好處？最後照樣是處於不幸、滯礙難行、陷阱似的生活中。

——瑪格麗特・德瑞柏（Margaret Drabble）
《斑點蛾》（Peppered Moth）

所有自戀型母親的女兒，多多少少都在人生路途中放棄了自己。因為在必須為自己身份屢敗屢戰時，我們每個人其實都只是個孩子，不是身經百戰的戰士。我們之中沒有人曾滿足過母親的期望。那些沒能以高成就向母親證明自己、證明母親錯了的人選擇了另一個極端，也就是將怒氣發洩在自己身上，很不聰明地破壞了自己的努力。女兒氣憤母親製造了一個沒有勝算的局面，令她永遠無法肯定我們。事實上，我們等於是對母親說：「看到了嗎？我正想證明我無法做到妳希望的人。」

自我傷害是高成就者內在的孿生姐妹，雖然她們選了不一樣的路，也創造了相反的生活方式，但她們的內心狀態和情緒問題都是一樣的。

妳是自我傷害的人嗎？這種人具有以下特質：

1. 放棄
2. 用各種放縱行為來麻痺痛苦
3. 深陷於自我傷害的方式中而無法自拔
4. 低成就

以下的故事來自一些有自戀型母親的自我傷害型女兒們：

妲玲總是打安全牌。她幾乎想不出成年後曾經為了什麼自己想做的事而冒過什麼險。「我因為有『永遠覺得不夠好』的想法而沒有什麼成就。害怕失敗使我不盡最大努力做事。如果採取折衷做法，就不必應付失敗。我有遠大的理想和嚮往，但它們只是夢想，不是目標。我想，哦，那樣做應該很美好，不過我不會去做。也許我做不好。」

珊德拉毫不猶豫地稱自己為低成就者。「我不覺得有必要在任何事情上表現傑出。反正我從來都不夠好，又何必試呢？我五十歲時買了一家花店，但從來沒有真正努力讓這家店成功過。我在工作上從未力爭上游，只想把事做完就算了。」

莎莉總有藉口錯失機會，她說：「我總是盡量不涉入太深。我避開事情。我夠聰明，但是不夠自信。我可以做得更多，但擔心做不好，也沒人鼓勵我。我接獲的主要指令就是結婚，我就完成了這件事。」

為什麼有些女兒們成了高成就者，有些則搞自我傷害？我發現，大多數時候高成就者一生中曾經碰到貴人，外婆、阿姨、父親，或其他近親，此人給了她正向訊息，使她得以平衡或對抗來自母親的負面訊息。這位貴人往往充滿愛心，能理解她、滋養她。自我傷害者往往沒有這樣的貴人幫她，就算碰到這類人，相處時間也不夠長，無法產生影響。

為什麼要自我傷害？

自我傷害的模式和情緒問題通常是針對不健康成長經歷的生存反應。幾乎不會有任何人會故意選擇自我傷害。不過，如果一個孩子缺少母親的支持和滋養，她就非常可能難以了解和處理自己的感覺。如果妳母親否認自己真實的感覺，那麼她也不會讓妳有自己的感覺。

兒童相信母親是真實的訊息來源，提供所有的答案。如果一位母親不愛她的孩子，或者認為孩子不夠好，孩子就會相信自己不可愛、也不能把事情做好。如果沒有人挑戰這種扭曲的觀念，並讓孩子知道她有價值、是珍寶，那麼孩子就會內化這些負面訊息，最後確定自己不可能改變。

讓我對痛苦麻木無感

女兒的感覺被掩埋、未受到處理，就會開始尋找防禦機制以對抗不悅、悲傷與空虛。她可能變得嚴重沮喪或發展出飲食失調、嗑藥或酗酒，設法自行料理痛苦和感受到的無能，也可能衍生出其他情緒失調現象，這些問題都是偽裝或旨在轉移對不幸源頭的注意。如此就形成了惡性循環，使她麻木、無動於衷。她一直無法完成對自己正常合理的事情，也因而強化自己沒有價值的感覺。她用破壞性的行為排斥別人，使她自己淪入孤獨與空虛的境地。

雪莉的行為在幾年後越來越糟。「我當時正在傷害自己的生命。我為了尋找愛而濫交。高中時我就開始酗酒，一、兩年前還成了偷竊狂。就像喝酒一樣，只不過重心轉到偷竊上面。那樣做可以讓我離開痛苦，但實在很丟臉！我對自己很不好。」

莫瑞蒂斯無法督促自己改變生活方式。二十八歲的她是低自尊的典型例證。她進了大學，但不好好學習，最後退學了事。她清楚自己正在傷害自己，但是仍然能夠準確地預測：

「如果我設法做什麼重要的事，就很可能會出現嚴重的恐慌。」

雅典娜和姐妹們都有飲食失調問題。「我姐姐是厭食，我是貪食。妹妹則兩者皆是。我們都曾住院治療飲食失調，而且必須與母親一起上課。她總是怪罪媒體，但她經常貶低那些看來不完美的人。她會說這類可怕的話：『那個女人怎麼可以那種吃法，簡直就像豬在吃東西。再看看那個女人的頭髮！』她在海灘會對別人的體型和皮下脂肪球發表評論。我現在過重，可能永遠都是這樣。我已經放棄了。」

三十五歲的雷麗告訴我：「從很小的時候開始，我就覺得自己有什麼地方不太對勁。我曾很長一段時間受憂鬱症所苦，甚至還住進醫院治療。許多時候，我的目標只是平安度過一天。我常想找到一座極高的大樓，然後，妳知道，就縱身一跳。最後我意識到自己無法生氣或有任何感覺，每一件事我都漠然以對，不管是好的還是壞的。當我了解這跟我被撫養長大的過程中出了差錯有關以後，我開始做出很大的改變。」

蓋兒在否認自己的狀態中過了很多年。最近才真正面對自己人生何以至此的問題：「我是一個該死的酒鬼。媽媽也是。但我曾經發誓永遠不要像她一樣！酗酒最糟的部份之一就是大大破壞了我的人生。我可以做出了不起的事，但眼看成功在望，我卻喝個爛醉，壞了一切。這就像我破壞了所有好的事情，結果一事無成。」

瑪麗安無法達到母親的要求，早在少女時代就開始嗑藥，直到二十六歲仍然在對抗這種毒癮。「這件事讓我的人生成了一個大災難，」她反省道：「之前我在一家診所做事，因為擅自取用止痛藥而惹上麻煩。開始時我覺得很酷，但後來被抓到，還被控了一項罪名。我現在定期去匿名戒毒會，比較清醒了。但我花了很長的時間才知道自己一直在破壞生命中美好的事情。想到已經浪費的那些年，我非常悲傷。」

達瑪麗絲現在能夠接受一些痛苦的事實。「不被愛的感覺造成了一些嚴重的後果。我總覺得自己會被拒絕或排斥，結果無法跟任何人認真相處。心理治療讓我了解自己屬於被動人格，不會為自己挺身而出。這種被動性讓我丟了工作、愛情，甚至因為自己不想撫養孩子而把剛出生的嬰兒送給別人。這些都令我哭泣。」

坎蒂在治療過程中一直非常努力以脫離母親的影響。「整件事情最諷刺的就是，我不覺得自己在母親離世之前能夠開始新生活。我稱此諷刺，因為是她將我帶到這個世界的。我覺得自己受到很大的束縛。只有在她離開人世後我才能追求自由與快樂。為什麼我會覺得自己的生命要在她的生命結束後才開始呢？」

克麗絲緹告訴我：「兩年前我知道自己有憂鬱症時，嚇了一大跳。我發現，我這個問題的主要根源是家人互動和母親的行為。我也看到這是外婆傳給母親的。我有兩個姐妹，她們都有酗酒和過重的問題要處理。現在，我希望大家都能解決內在的空虛。我也需要有人協助我了解自己到底是誰，以及自己到底想從生命中得到什麼。我現在四十三歲，仍然在設法弄懂自己長大後想要什麼。目前我的事業一團糟。」

米斯媞經常用「破壞」描述自己的努力。她覺得自己事實上就是讓所有臨到自己的好事都失去美意。「我知道這跟母女關係的某件事有關，」她說：「從小我就在腦海中創造了一個夢幻世界，在那裡我被愛環繞、才華洋溢，因為母親總是讚賞有天份的孩子。即使在青少年時期，我也會播放音樂，閉上眼睛，讓自己在腦海中變成任何人，通常是偉大的歌唱家、舞蹈家或吉他手。十八歲時我上了幾堂吉他課，但是很確定自己不可能成為夢想中的吉他演奏家，於是就放棄了。我也喜歡排舞，直到觀賞了英國的冠軍表演後想到，我何必還要學呢？我永遠無法只為箇中樂趣而做任何事，因此最後我就是從一件事跳到另一件，什麼也沒完成。我掙扎不前。可能我是想在還不算太遲的時候，找出一件能讓母親印象深刻的事情。我不確定自己究竟在找什麼，或者可以說，甚至不確定是否知道什麼是『真正的自我』。」

簡妮絲內心深處一直很想有個孩子。「我一直想有自己的家庭。我確實跟一位有孩子的男人結了婚，但我沒有自己的孩子。看到別的母親跟孩子在一起時，我特別悲傷，而且也嫉妒他們那麼親近。那種景象提醒了我，我的童年已被偷走，再也無法挽回。我從小就不出眾，總被認為比其他女孩子差。母親的工作是代人看顧小孩。我大約九歲時，她照顧一個非常可愛的小女孩。有時候我們一起出去，媽媽會對陌生人假裝那個孩子是她親生的，而我們其他孩子都是她幫忙看顧的。她常常說我沒有出息，『其貌不揚』。她最愛用的說法就是『我希望妳長大後會有一個跟妳一樣的女兒；那時妳就知道是怎麼回事了。』有我自己的孩子簡直太恐怖了。萬一真的如她所說怎麼辦？」

身為成年人，妳可以將緊緊箝制妳的、嚴重傷身的自我懷疑鬆綁，將母親施予妳的、欠缺愛心的打擊軟化。事實上，妳需要正視那些問題，才對得起自己。妳用不著用自我傷害的方式放棄自己。阻撓或隱藏自己對妳不公平。

不要洩氣，因為復原是可能的。

我們都這樣做

如果閱讀本章讓妳神經緊繃，不要以為妳孤立無援。所有自戀型母親的女兒都有一點自我傷害的特質。雖然高成就者與自我傷害者生活方式不同，但兩者都有自我傷害行為。別忘了：她們有相同的內在問題，只是在外在表現不同而已。一個女兒可能住在鄉村俱樂部，而另一個女兒可能靠社會救濟金過活，兩人都有沮喪、焦慮、體重、上癮、健康、壓力，以及感情關係的問題。兩者內化了同樣的訊息：她們的價值來自所作所為，而非來自個人存在的事實，而且她們都必須解決內在負面的聲音。

尋找代理養育者

一般而言，高成就者住在富裕的社區，從事高所得或專業工作；自我傷害者則住在親戚的地下室、監獄、靠救濟金度日，到處申請失業補助金。

孩子們成長過程中如果無法依賴母親，就會尋找替代者。她們設法找朋友、親戚、愛人、夥伴，甚至社會資源來照顧自己，讓自己覺得被關心和有安全感。這或許是一種欺騙自己的方法，相信由於被照顧，因此最後就會被愛或被關心。但是她們其實從未真正感到過被照顧。

妳可以看得出來，這是另一種尋求外界肯定的方法，跟高成就者透過成就來肯定自己一樣。但是為了療癒和復原，高成就者和自我傷害者都必須找到內在的肯定。

以下這些婦女都很聰明、有才幹和能力，但是沒有一人相信自己。她們都表示已經放棄自己，覺得既然無法把事情做好，又何必努力呢？她們已經找到其他方法，讓別人用某種不健康的方法照顧自己。

1. 佩姬剛從監獄獲釋，之前因持有毒品而服監。
2. 珊蜜是單親媽媽，沒錢沒車，靠救濟金過活。
3. 奧莉付得起房租，但是沒錢買食物。她有政府發的食物。挨餓時就收集快餐店的番茄醬小包，然後加水做成自己的蕃茄湯
4. 四十五歲的喬安仍然住在父母家中的地下室，不相信自己能夠找到工作。
5. 裘莉每天喝酒。
6. 雪麗剛出院，會住院是因為男友打斷了她的手臂。

自我傷害的行為不是缺乏才幹或技能，而是妳內心的掙扎。妳顯然想做點什麼事，但

內在的聲音說妳做不好或不應該做。舉例而言，上面提到的裘莉知道自己需要留在匿名酗酒協會裡處理自己的酗酒問題，但是她提不起勁，飲酒如故。雪麗知道應該離開這段糟糕的感情關係，但是她不想孤獨一人。喬安有一張國小文憑，可以找到工作，但她覺得自己不會被錄取，所以不找時間填寫申請表。奧莉可以找到工作，有足夠的食物吃飽，但她覺得自己條件不好，因而根本不試試找其他工作來做。佩姬知道藥物對她不好，但她已經放棄了自己，因為覺得永遠不會有人愛她。珊蜜是優等生，畢業時拿到榮譽獎，但總是愛錯人，覺得自己不好，沒有勇氣前進。

這些女性迫切希望改變，感到灰心喪志，無力自拔。內在負面訊息正控制著她們的生活和情緒。

自戀型母親往往會被自我傷害型女兒的成年生活嚇到，而想撇清彼此的關係。這類的女兒對於自戀型母親造成太多羞辱，令她不知如何因應。她孩子的行為顯示她是怎樣的母親？鄰居們會怎麼想？親戚呢？當然，為這些問題掙扎的女兒如果有母親給予精神支持並幫助她，將會大有助益。但是自戀型母親們比較只會擔心女兒的行為如何影響別人對自己的觀感，因而沒有能力幫助女兒。

如果妳是自我傷害型的人，重要的是知道自己確實有存在的價值，確實有許多人關心妳。好好進行治療步驟也確實會改變妳的生活。妳的痛苦與掙扎是這段旅程的一部份，而妳必須到達這個痛點，才能看到妳確實擁有設計自己生活和處理自己情緒的能力。無論母親如何傷害妳，妳都能康復。我將陪妳一步一步走過復原過程。妳要做的是堅持下去，認真看待自己。

Chapte 8
媽媽不能給妳的愛，情人能夠給妳嗎？

一個人如果有能力積極地愛別人，就會愛自己；如果他只能愛別人，那麼他其實沒有愛的能力。

——艾瑞克・佛洛姆（Erich Fromm）
《愛的藝術》（The Art of Loving）

人們持續探索，究竟什麼是「愛」。我們都追求和看重愛，並且各有一套版本描述墜入情網的感覺。

自戀型母親的女兒，一般會設法以不合適的愛情關係彌補情感上的空白。不幸的是，她們往往在錯誤的地方找尋肯定她們的伴侶。我將在本章討論我所謂的「扭曲的愛」。我們身為自戀型母親的女兒，很多人學到愛就是有人能為妳付出而妳也能為他們付出。許多女性無意識地以這種扭曲的、愛的定義來選擇戀愛對象，讓自己墜入了依賴或施予的關係中，或者根本沒有任何愛情關係。依賴者在意對方能為自己做什麼，而施予者關心自己能為對方做什麼。而沒有愛情關係可說是某種放棄，或者是主動選擇不要擁有生命中的此一部份。

二十五歲的阿麗西斯在想找一個情愛對象時，不確定自己要的究竟是什麼。她告訴我：「媽媽甚至沒用過『愛』這個字眼，除了說某雙鞋子以外。啊，我想她確實說過她愛她的貓。這樣我要怎麼知道『愛』究竟什麼意思？」

依賴和施予的關係是不健康或讓人無法滿意的關係，最後往往以失敗收場，或產生不幸的糾纏。如果這份關係結束了，這名女兒可能重複這種關係模式，除非她開始復原並學到了解自己的「愛情關係挑選機制」已經受損。女兒往往一次又一次地重複自己跟母親的關係，也就是心理治療領域所稱的「強制性重複」——是一種總是以失望結束的關係循環。許多女性在期待與希望都落空後，選擇了孤立或完全不談戀愛。

關係結束時

自戀型母親的女兒不論是被對象拋棄或自己選擇離開對方，都會因為失敗的愛情關係而大感羞恥。不論這是頭一次失敗或屢戰屢敗，都會加重她那原本自認不夠優秀的感覺。她的自尊受到關係失敗極大的影響。在我們的社會裡，女人可以在事業或財務上失敗，但感情關係失敗則較難被社會認可。不只一次的離婚或失戀就像是詛咒或極大的磨難。女人的內疚感和恥辱感可能同時存在，但恥辱感將是她覺得最難對付的情緒。內疚通常跟可以被寬恕的行為有關，但恥辱則涉及她整個人，是一種「要不沒事要不全毀」的狀況，對精神健康傷害極大。自戀型母親的成年女兒往往自認是「受損的」或「受損的貨品」，特別是在一連串失敗戀情之後。在這種恥辱感背後的，是她們「不值得被愛」的感覺。

塔娜很美，她在第二次離婚後來找我。她那經典式的美麗、聰敏和迷人風采，讓我聯想到精緻的陶瓷娃娃。但在她深具吸引力的甜美後面，是深層的悲傷和沒有價值的感覺。她已經了解自己有自戀型母親的背景，但在現在第二任丈夫因外遇而離去時，她接受心理治療時的要求卻是：「請把我變得夠好！」

瑪格五十五歲，她對我說：「我幾乎無法談論這種失敗的感覺。我現在覺得整個人被破壞得很慘。誰還會想跟我約會？妳怎樣告訴某個人妳有過不只兩次婚姻？難道他們不會自動聯想到我不健康或什麼地方很怪異嗎？我覺得生活一團亂，而且似乎永遠不會好轉。」

桑瑪表示：「如果我想感受極大的痛苦和恥辱，只要想想自己歷來的愛情關係就可以了。我會馬上進入那種感覺中。通常我設法連想都不想它，或甚至不讓它進入我的意識中。與前者相比，『感覺自己不被愛』根本不算什麼！」

「不是開玩笑，聽聽這個，」卡拉描述自己愛情關係的痛苦時說：「我把未婚夫介紹給母親時，她跟他握手，接著說：『祝你好運。希望你的經驗會比上一個好些。』一個人怎能從來自以往失敗愛情關係的這種恥辱中復原呢？」

我們為什麼挑這樣的人

一般來說，自戀型母親的女兒會選擇無法滿足自己情感需要的伴侶。雖然在事情不適合我們時，直覺會用某種方式點醒我們，但如果這種內在聲音不合我們的意，我們會關上耳朵。而當愛的希望點燃時，我們更聽不見這種聲音。多年來治療和訪問欠缺母愛的女兒們給我的經驗，讓我看到我們具有厚實、明智的直覺，但此直覺似乎伴隨著一種特別的「聽而不聞」特質。女性在迫切尋覓童年欠缺的關愛時，選擇不理會可能正搖旗吶喊的警訊。我們不知道怎麼回事，就是一昧的漠視。在復原期，妳會學到如何有效地開啟內在直覺方向和指引。

實際上而言，人「選擇」伴侶主要是在無意識之下進行的。人類傾向物以類聚。妳如果跟母親之間有懸而未決的問題，可能就會為自己找一個重建母女行為模式的對象。我們也可能挑選與自己處於同一個情緒層次的伴侶。

你若是一個依賴者，跟伴侶一起時會這樣想：我要靠你引領生活。我認為你是一個可以為我做很多事的人。你可以照顧我。你有錢、有名、來自好家庭、有好工作、外表出眾，你的履歷很好——你正合我的預設條件。

如果你是施予者，你會這樣覺得：我將照顧你到忽視自己的程度。我認為你是讓我覺得被需要的人。你需要我滋養和照顧、我像是一個母親。你需要我的愛，因為你年幼時沒有愛。你需要我的指引——這件事讓我感覺良好。

健康的愛情關係奠基於互助互賴上面，雙方配合著照顧彼此，但大多數時候是以兩個獨立個體在運作這個關係。也就是說，沒有一方是依賴者或施予者，在依賴結合施予的關係中，沒有一方愛對方是因為對方本身的特質——在扭曲的愛情觀念下，根據自己的角色而行事。自戀型母親的成年女兒在選擇伴侶時，往往被自己未解決的需要誤導。建立在需要上的關係通常不會被滿足，因為無人能夠填補某人童年欠缺的全部需要。但是這名女兒在自己認清這種空洞之前，都會期待有別人用她缺乏的價值感、競爭力，以及愛來滿足她。

許多時候，成年的女兒會選擇一個連合理情感需要都無法滿足她的伴侶，因為她無意識地渴望一個情感上無法親密相處或沒有戒心的人。這種狀況是她熟悉的，讓她感到安全和可以預期。在她開始復原旅程之前，她不會特別注意自己的感覺，因而也需要一個不涉入感覺領域的伴侶。

自戀型母親的女兒在情感和私密需要得不到滿足時，很容易就會落入自責遊戲中，而非僅選擇錯誤對象而已。如果妳覺得下面的情況聽起來不陌生，就要小心：妳不想落入檢驗伴侶好壞的自戀陷阱中。如果妳將理想伴侶變成壞蛋，可能會覺得必須在他拋棄妳之前先拋棄他。被拋棄的感覺很可怕，因為妳本來就已經覺得被拋棄了。父母可能身在妳旁邊，但妳覺得情感上自己是棄兒。如果妳是依賴者，就更難離開這種關係。妳或許繼續被虐待，或者維持不完整的關係，覺得自己反正不值得有更好的。如果妳被伴侶拋棄，或許會有一段特別難以調適的復原期，因為那種失落和被拒的感覺會讓妳想起過去與母親相處的經驗。

施予者的愛情關係

過份成就者往往不自覺地遇到需要被照顧的男人。她們被「我能為你做什麼」的互動方式所吸引。這樣的女兒之前即照顧媽媽本人和其所有需要，她受這種能力牽引，在生命中永遠扮演著照顧者的角色。她的伴侶若是一個她能用某種方式照顧的人，她就會覺得自己處於一種熟悉的、情感上有安全感的狀態裡。一個依賴她的男人不會拋棄她。她希望，在她照顧對方後，對方的回報將是填補她的空虛感。當然，這是永遠不會成功的，真正會發生的是：那個男人的要求越多、越依賴她，或越不成熟，就讓她越想到那需索無度而且「自認理所當然」的母親。女兒最後會感到厭惡與憤怒，並且覺得負擔過重。她忙得團團轉，盡最大的努力滿足他的需要，希冀最後得到某種回饋。不過結果總是不如人意。她疲倦了。

成年的女兒未必真相信這種依賴性的伴侶及其建立親密關係的能力，因為她多少知道自己之所以選擇對方，就是因為對方在感情上做不到沒有戒心或發展出親密關係的能力。她對於得到肯定的需求，以及對於真誠、充滿愛意的連結都打了折扣。他無法因為她本身而愛她，因此她持續感到挫敗和悲傷。她尋求愛，但在復原以前都無法如願。

我在療程中以打籃球比喻這種夫妻的關係。想像球場上兩端各有一個球籃，兩側有露天觀眾席。施予者通常是高成就女性，她跑前跑後，兩個球籃都要照顧，而她的另一半則坐在觀眾席上看，希望她為他們兩人贏得球賽。過了一陣子，女人累了，感到受挫和厭惡，希望停下來。觀眾席上的另一半或許滿意於有人幫他打理所有的事，但他的自尊其實得不到肯定或提升，因為他沒有做自己份內的事，也沒為伴侶做事。

貝茲已盡量將婚姻各方面做到完美。「我對於脫序行為的容忍度極高。我在彼此關係中克盡施予者角色。現在我了解了。回頭看第二任丈夫，他被動而善良，因為對我好，所以我願意忍受一切。比較起來，我有個人魅力、更會交際，也是負責家計的人。他利用我。他自戀，也受過自戀者傷害。我一直很忙，打點一切。他經常因為與人言語爭執而被開除。我總是幫他寫履歷表，幫他找到工作。回首當年，我看出他沒看清我為他做的事。他完全沒努力，也從來沒說過抱歉。我極度容忍。我結束了這段關係，繼續我的人生。我對其他人似乎不抱太大希望。這種不平衡的關係我不以為意。我總是施比受多。」

陶莉亞說：「我看到自己的愛情關係主要就是肉體關係。如果我不是以最性感的模樣呈現自己，就覺得自己不會得到男友的愛。我的價值來自對男友的性服務。這是跟媽媽學的。她看來總是那麼美麗。她會為爸爸打扮，聞起來香噴噴地，穿著性感內衣，使用性玩具，設法給爸爸看到自己漂亮的一面。爸爸有《花花公子》雜誌，媽媽會跟我們一起看。性在他們的關係中非常重要。她告訴我，男人如何評價我，就看我能為他做什麼。」

柯蘿在每一段愛情關係中都經營得比對方辛苦。「事情不順時，我還是努力維持下去。我覺得自己要負全責。我對他不像對自己要求得那麼多。」

「我的感覺模式是找個自己能夠完全掌控的男人，」查琳說：「那樣我就不會受傷。我挑比我差或成就沒有我高的男人。結婚後，我的內心憤怒尖叫，不行，不行，不行。我清楚怎麼回事，但事情就是這樣繼續下去。」

瑪麗蓮說：「我總是跟人生一團糟而需要我幫忙的人扯上關係。上個男朋友在我跟他分手時企圖自殺，必須住院治療。我總是找到那些窮途末路的男人。我跟女性朋友之間也是一樣。我是所有人的顧問。」

六十四歲的凱特是這麼說的：「我的愛情關係不良。我通常都選錯男人。第一任丈夫對我暴力相向，身體和心理都一樣；第二任丈夫酗酒加嗑藥；第三位既是毒蟲也是騙子。

我撫慰和照顧他們，設法整頓一切。往往我會到達一種實在受不了的地步，但我還是會繼續下去。我總是設法打動和過度關愛對方，好讓他來愛我。」

瑪姬是單身職業婦女。「我的親密關係一直不涉情感。有點像是做生意，而不是情感上的連結。我不會感到滿足。我會發現自己可以從其他人身上找到我想要的特質，而那是眼前這位所缺少的。有時我會覺得自己被設計。我是施予者，付出的那一方。我經常希望成為依賴者。」

七十二歲的迪蒂回顧婚姻和兒女。「我是施予者。我跟丈夫和孩子的關係都是這樣。如果我做這樣或那樣，你們就會更愛我。我覺得自己好像丟掉了許多自我，現在正在設法找回。我先生不看重我本人，只看重我為他做的事。我總是那個取悅別人、調解糾紛的人，我確保事事圓滿，沒有人不開心。」

在女人發現並宣稱自己有獨立人格之前，她很可能受制於一個有能力的男人，她因為服侍那個人而滿足了自己的需求。健康的男人不會希望被控制或撫育，他會希望回饋伴侶。他了解如何互依互助。施予者必須了解，她的施予行為其實只是捍衛自己依賴性的作法。她藉此抱怨依賴者的那些需要，並設法展示自己有能力、可以掌控局面、不需要任何人，但在現實面，她正如我們大家一樣需要別人。

就接受與面對自己的問題而言，施予者比依賴者容易得多，因為施予者主導關係，而且確定各方面穩妥，以致於外表看來較依賴者堅強和能幹。誰會承認自己本質上是個依賴者？「我是照顧別人的人」聽起來豈不勝過「我需要有人照顧我」？依賴者不會公開承認自己的依賴傾向，因此她們較難觸及這種自戀後遺症。不過，大多數施予者在了解「自己的施予行為」其實只是「內心深處那些未滿足需要的偽裝」時，總是目瞪口呆。她們往往必須把自己看成比本人厲害的角色，才能掩蓋痛苦。但在復原期裡，施予者確實會體認自己的依賴問題。

依賴者的愛情關係

依賴型的女兒同樣是在尋找一個人，以填補自戀型母親留下的情感空白和空洞。她的伴侶成為她母親的替代品，在兩人關係中扮演「你能為我做什麼」的角色。

這種愛情關係會經過好幾個階段。第一階段的特徵是「狂喜狀態」的超現實幻想。我稱此為「快樂地帶」，依賴性女兒在此彷若置身天堂。她已找到照顧自己的男人，給她所有童年沒有的東西——真是美夢成真！開始時看起來很完美，因為所有的衝突都被擱置一邊，她的伴侶主控一切。還有更棒的情況嗎？她小時候沒有得到需要的愛，現在她的「良人」將滿足她所有的夢想！

不過，最後「良人」成了「惡人」。依賴型女兒不自覺地挑了一個照顧自己的男人，後者很可能會變成施予者。最後她會因自己過多的要求、醋意，以及不安全感，而讓對方喘不過氣來。她會希望他隨時待在她身邊，滿足自己所有的需要，尤其是情感需要。如果他做不到，她就會像母親以前那樣大發雷霆，令伴侶既困惑又沮喪。這樣的女性在這種角色互換的自戀型母親與女兒的重演情況下也會充滿痛苦。她將感到童年經歷過的失望和空虛，並且責怪伴侶對她不夠好。她自認理應如此的態度會進一步化為行動，就像當年的母親一樣挑剔：「如果你愛我，你就會為我做這些事，我值得你這樣做，也期待這種理當如此的待遇。」

李莎回憶早年有過許多伴侶，但都沒投入感情。「我從來不讓任何人太靠近自己的內心。三十一歲時我確實結了婚，但我們的關係基本上是看他能為我做什麼。當他不能為我做事時，我離開了。一切都得依我，不然就拆夥。」

四十四歲的莎拉袞回憶道：「我的空虛感出現在愛情關係中。有人為我傾倒時，我的空虛感似乎消失，而且會有一種度蜜月的感覺。之後，這種感覺不見了，我就會感到空虛。這其中還有身體上的變化——我會覺得胸口沉重。跟心臟沒關，我檢查過。感覺就像身體那裡有個洞。」

三十歲的棠恩說：「我會看上無法愛我的男人——不會提供情感支持的類型。母親也是這樣。我的交往規模較大，我是說就交往人數而言。我的外婆也有同樣狀況——這使得我得份外努力，免得依賴性讓我太需要別人。」

雖然我們已經看過施予者和依賴者這兩種類型的成年女兒，但重要的是了解，妳可能會視當時的情感狀態而在這兩種互動方式之間換來換去。妳可能在同一個關係中如此轉換，也可能對不同男人展現出不同的模式。雖然聽來令人困惑，但從下面這個角度最容易了解箇中道理：自戀型母親的女兒有一些需要未被滿足，因此會表示出一些需求。施予者的行為是一種偽裝，掩蓋需要，並展示力量和能力。受到壓力時，她的需求就會浮現，結果表現得就像是依賴者。

獨行俠

獨行俠千奇百種。有些健康，有些不然。復原工作的一部份通常都建議自戀型母親的女兒花一點時間獨處，專注在自己身上，學習如何自己滿足需要。她可能需要將腳步放慢一段時間，以完成這個健康的「獨處時間」。即使她已結婚或正處於一段愛情關係之中，她也能花一點時間獨處，以利面對真正的自己。

不過，不健康的獨行俠是堅信自己已經受害過深或無法被愛，因而絕不可能再有愛情關係。通常由於她經歷過一連串糟糕的感情，她已自我放棄。她希望生命中有愛，但又相信事情不會改變，因此決定從此過單身過日子。她非常恐懼與人再度產生連結，因為她清楚自己「挑選對象的能力」已經被自戀型母親的訊息傷害，這種恐懼使她無法找到她想擁有的那種愛情關係。她迴避約會場合，雖然孤獨，但維持下去，她那「我不夠好」的感覺已經變成生活的準則。

瑪夏五十九歲，除了自己的狗以外，誰也不相信。「我很生氣自己將成年以後、人生最好的歲月耗在不健康的愛情關係裡，只想捕捉母親沒有給我的愛和認可。要等到我的人生各方面都失敗，我才知道自己曾經盲目地將童年不健康的母女互動方式一遍一遍地重演。我現在快六十歲了，生命中很大一部份已經逝去，現在我基本上是孤單一人。你知道嗎？我打算就這樣過下去！換任何方式生活的風險都太大了。」

我自己也曾有一段時間處於那種狀況，故明白這位女士需要的只是完成自己的復原工作而已。等她完成復原步驟，世界看來會好很多。我告訴我的輔導對象，妳不能在還不相信自己和自己「挑選對象的方式」之前先相信男人。「相信」必須從自己開始。堅定地持續復原工作，讓自己重新找回能量，是這類獨行俠非作不可的事。我將教妳們一些方法，讓妳們能夠重新建立對自己直覺的信心。

另一種獨行俠，會在復原後神智清明地決定在沒有愛情關係的情況下度過人生。她完全不怕就此斷了享有愛情的可能，因而她的決定是健康的。我不知道有多少女性決定這樣做，但我知道的幾位目前都處於對自己很滿意的人生勝利期；她們為自己做了很好的決定。誰能說她們不對呢？縱使大多數人不會選擇這條路，但這種處境卻可能是一個健康的選擇。

後浪漫壓力

她不知道如何愛我，我不知道如何愛妳。

——希達．沃克，《YaYa私密日記》書中人物

三十八歲的沙瓦娜表示：「我當初遇到丈夫時，情感上並沒接受他。經過好多年，我才有了現在這樣愛他的感覺。那時我無法用現在的方式愛他。需要一些時間學習。我以前對我的貓會有這種感覺，對人沒有。我所有的感覺都是漠然的，連感覺也一樣。」

總的來說，自戀型母親的女兒在愛情關係裡面臨許多嚴重的掙扎，包括感到羞愧和覺得自己不夠好的感覺。關係失敗往往是她們最初來找心理治療師的主因：她們不懂為什麼自己總是挑錯人，也怕永遠無法改正自己選擇對象時的「愚蠢」。妳可能知道這種情況對妳自己、妳的姐妹或朋友是多麼痛苦。我許多輔導對象開始治療時都處於絕望和意志消沉的狀態，但我總是很開心地告訴她們會有好結果，也會有希望。當這樣的一個女兒決定投資自己、面對受傷的童年和過往記憶，並且完成復原療程（本書第三部份會談到），情況就開始改變了。學習停止重複的衝動，脫離母親的影響，建立自覺，並將自己從具有破壞性的內化訊息中解放出來，展開一個全新的健康、樂觀的旅程。我的輔導對象金波麗是這樣說的：

「我已經善加處理了自小受到的、嚴重的自戀型虐待，現在跟自己、兒子、丈夫、家人的相處都比較愉快了。我已經放棄了以往盼望得到母愛的願望，結果現在心中的愛如泉湧，愛的力量比以前想像過的都要強大。」

我們差不多可以開始檢視復原這部份了。但在那之前，還有一個領域需要談談，也就是當我們自己變成母親時會發生什麼事？

Chapte 9
當妳晉身人母……可不可以不要跟媽媽一樣？

我一直祈禱，我存的錢要用來讓孩子讀大學，而不是為他們付心理治療費用。

——邦妮，三十八歲

生孩子是一個改變生命的體驗。孩子進入這個世界的同時，妳也進入了一個「永久的父母角色」，持續不變。對大多數女性而言，能夠孕育子女是一種福份，其中有如痴如醉的興奮和對未來的渴望。但對於自戀型母親的女兒們而言，生育這事可能因為緊繃的恐懼和焦慮而減少了喜悅之情。

所謂的恐懼即是害怕變得像自己的母親、情感上讓妳的孩子形同孤兒，或以其他方法另他們受傷。妳擔心自己沒有好到足以勝任這個工作——可能是因為妳隨時隨地都被這種負面思維提醒，或因為妳確實知道自己缺乏為人父母的某種能力。或許妳尚未完全肯定自己的存在。不管什麼原因，妳的恐懼感都十分真實。

馬蒂由於擔憂即將成為母親而來治療。「懷孕是至今最讓我覺得恐怖的事。我沒有懷孕和要小孩的需求，甚至不確定自己是不是想要孩子。我擔心自己會是個很糟糕的母親，就像自己母親一樣虐待孩子的情感和身體。我會那樣嗎？萬一我變得跟她一樣莫名其妙怎麼辦？」

對凱麗而言，有了自己的孩子讓她想起很多童年往事。「母親跟我不親。我覺得她從沒注意過我。」凱麗覺得自己以往欠缺的，一定要讓女兒得到。「女兒無論何時說什麼，我就會說『我知道，蕾西，我知道的。』」

雷旺妲這樣簡述：「我懷第一個孩子時，非常興奮，但也非常擔心自己會把親子關係弄得一團糟。懷孕時我做了許多次心理治療，還想跟媽媽好好談一談。但是我的治療師勸我不要這樣做。我好希望母親能夠聽我說話，但是治療師讓我了解到此事不太可能發生。我最擔心的就是自己也會變成自戀的人。我不希望像母親當年一樣把孩子逼得透不過氣來。」

才剛成年的米亞覺得非常孤獨。「我孤單、悲傷、空虛，而且還嗑藥和酗酒。我會想像有一個家庭，然後就因這個想法而痛哭。自從有了自己的家庭後，我不再感到那麼空虛，但我知道空虛之所以被填滿，是因我成為了一個自己渴望擁有的母親，而不是曾經擁有的母親。」

辛德麗這麼說：「我還是害怕自己會像她。前夫說我有母親的影子。有一回他說我像她，因為我抽一種小雪茄。他說：『妳就跟妳母親一樣自命不凡。』我再也沒碰那種菸。那時我臉色發白地將香煙捻熄。我只希望自己養育子女的方式不像我的母親！」

擔心與恐懼為人父母是人之常情，但是前面那些女性關心的比大多數準媽媽又多了幾分。當然，我們都努力為孩子做正確的事，沒有一人願意將自己不想要的待遇傳給下一代。在妳沒有正面範本來學習如何做母親時，打破惡性循環很不容易。自戀型母親的女兒們撫兒育女時，經常感到彷彿必須在愛的途徑上披荊斬棘、另闢蹊徑。

如果妳發現自己在為人母時犯了錯，不要驚慌，即使妳學到或遺傳到一些自戀型父母的特質，也用不著害怕。這不是說妳就是自戀者，而是說妳「可以」改變。妳能為自己做的最好的一件事，就是學到「自覺」已經發生或可能發生的錯誤，並設法加以修正。本章之設計，就是特別為了讓我們看清許多人面對的陷阱。

警告：矯枉過正的風險

如果自戀型女兒轉向另一端，用完全相反的方式行動，她其實是冒了創造同樣互動模式的風險，而那是她曾努力設法避免的。關鍵就在找到一個平衡點，讓妳可以用自己的價值觀做一個愛護子女的媽媽。

一般而言，當我們想要改變一件事，就會以非黑即白的二元化方式思考。舉例而言，妳若想改正火爆脾氣和侵略性的行為，就會轉向情緒光譜的另一端，而開始以被動、溫順、安靜、模棱兩可的方式行事。容易暴怒顯示妳在爆發之前一直累積情緒，而被動與模棱兩可也可能表示妳不表達情緒。妳的目標是走到兩者中間那一點，讓自己能夠明確地表達情緒，但這不是一蹴可幾的。

如果妳希望用跟母親不一樣的方式為人母，記住妳最後找到的那個中庸之道必須是以妳自己的價值系統和信念為基礎，但那卻可能也包含了一些妳母親的想法。好比說，或許妳喜歡保持家裡整齊乾淨，就跟母親一樣；或者妳想待在和母親同樣的宗教團體裡，或者妳跟母親一樣看重教育，但妳希望特別關注孩子的情感需要——而這就可能跟妳母親很不一樣。妳不應該因噎廢食，令每件事都反母親之道而行。否則我們就會開始犯錯。

舉例而言，如果妳有一個什麼都要管的母親。妳可能決定自己一定不要讓孩子喘不過氣來，是故妳就完全放手，孩子則會覺得自己在某種程度上被忽視。

潔蜜很辛苦地不控制女兒雀兒西。這個剛滿五歲的孩子第一天上幼稚園時，坐在教室裡哭起來。原來她希望媽媽跟其他家長一樣陪她在教室裡坐一陣子。

情感上受到拘束的潔蜜原本只是決定不像自己母親一樣過度保護孩子，但她矯枉過正了。

如果母親對妳置之不理，或許妳會特別關心自己的孩子，以致於最後讓孩子喘不過氣來。

羅賽琳發現自己無法讓孩子單獨一人。「我必須介入她做的每一件事，跟她一起去所有的地方，因為我害怕她會認為我不關心她，就像母親給我的感覺一樣。女兒十二歲時，她直截了當地要我自己過日子，似乎她已經受夠了我。」

另一個例子或許是妳如何稱讚孩子。妳以往從未被稱讚或鼓勵過，因此妳就過度讚賞孩子。

德蕊創造出的氛圍，讓女兒不僅感到自己配得榮譽，而且相信自己無人能比。「我十六歲的女兒前幾天崩潰大哭。我立即坐到她旁邊，開始告訴她所有我想得到的她很棒的事，稱讚她是個多麼了不起的人。我發現自己其實『過份吹捧她』，結果讓她覺得自己很虛偽地設法取悅我，而且她也永遠都做不到那些我稱讚她的事。唉，我做得過火了。我只是努力想跟母親不一樣。」

馬勒妮的母親非常嚴厲，不給孩子發表意見的自由，沒有自己的空間和選擇。她決定要特別寬待自己的孩子，結果孩子們成了脫韁野馬，無法處理自己的行為。

「我以前受盡束縛，因此決定要讓孩子們自由自在。我希望他們感受到完全的自由，不像我童年時處處受限，生活僵化。但是我馬上發現，這些自由造成兩個女兒經常不守法，不是接到超速罰單就是出車禍，讓我的荷包因保險費和修車費大大失血。我想我實在不應該給她們過多的自由。」

這方面要處理得當確實棘手。為人父母不容易，當然不可能有人能做到完美，但這些故事顯示，當我們用截然不同於自己父母的方式行動時，錯誤是多麼容易代代相傳。

示範「不夠好」的訊息

有時候我們能發現中庸之道——我們養育孩子的方式會反映在孩子身上——如果妳做到了，妳可以獎勵自己一下，妳值得大受稱讚。不過，找到中庸之道的陷阱之一，是內在那自己不夠好的信念。如果妳內心深處保有這個不健康的訊息，就非常可能將它在孩子面前演示出來。妳會透過行為，不小心讓他們看到妳覺得自己不值得，他們長大後也會對自己有同樣的感覺。即使妳不真正相信這件事，或者從沒跟他們說過，還是可能會有這種結果。切記，言教不如身教。如果妳示範的是一個不好好照顧自己的女人，或待在一個不健康的感情關係中，覺得自己不配更好的待遇，或妳不追求自己懷抱熱情的夢想，就別奇怪同樣的情況發生在孩子身上。同樣地，如果妳為自己設定屬於自己的範圍，維護自己的權益，妳的孩子也極可能有同樣的表現。這就是我們必須讓心理復原最好的理由。

妳怎麼解釋「同理心」？

許多沒能從母親那裡感受到同理心的女兒，不知如何理解自己的孩子。理解力是父母最重要的能力。在妳有需求的時候，沒有一件事比某人的同理心更讓妳覺得真實、被聆聽，以及被了解。

如果這種能力在妳家中既無人示範、又無人教導，那麼妳就必須努力開發它。

莎怡是一個好思考、有見識、受過高等教育的女性。她由自戀型母親帶大，現在自己有四個孩子和愛她的丈夫。在一個讓他們大受驚嚇的遠親自殺事件之後，他們都來到我辦公室尋求協助，學習健康的溝通方法。自殺那天所有在現場的家庭成員都來了，但莎怡是特別擔憂的一個。她了解自己童年的需求並未從母親那裡得到滿足，因而自己毫不知道如何理解孩子。療癒過程中，孩子告訴她，她在這方面「糟透了」。莎怡花了好幾個月設法發展出表達理解的技巧。

四十五歲的卡蜜來治療，為的是增加對十七歲懷孕女兒的理解。她了解自己在陪伴女兒上有困難。既有洞察力又聰明的卡蜜是由自戀型母親帶大的。她發現自己過度看重親友的想法。她不自戀，也了解自己童年的問題，但她甩不掉深烙心中的訊息。她似乎以雙重身份與我對話。一方面由於女兒的行為而憤怒、感到丟臉與羞恥；另一方面又展示出寬容、關愛，希望正確處理好事情。她在尋求協助，以便將自身問題放到旁邊而專注於女兒需要這個動作上，顯然是做對了。現在的卡蜜是自豪的外婆，她女兒也高度讚揚母親照顧她的能力。

我的孩子是資優生

妳驅車在美國公路上奔馳時，看過多少種保險桿貼紙？妳看過「我的孩子宅心仁厚」、「我的孩子非常誠實」、或是「我的孩子很善良」嗎？我在執業過程中看到，今天一個嚴重的問題就是父母們看待孩子時，無法、或不願從孩子是怎樣一個人的角度出發。身為自戀型母親的女兒，妳應該知道有這個主要的陷阱。妳孩子的成就不等於孩子本人。

舉例來說，四十七歲的艾碧來就診的原因是擔心兒子。這孩子在高中足球隊擔任四分衛，是榮譽管弦樂隊的首席演奏者、資優生，而且長得很帥。最後她表示，這個了不起的孩子在剛過去的週末湖邊派對上，因為持槍對準另一名學生而被捕，送進了少年拘留所。她到拘留所看兒子時，他哭著告訴母親，他覺得每件事都要成功和爭第一的壓力太大。他只想證明自己只是一個偶爾會惹上麻煩的普通孩子。雖然這種惹上麻煩的方式未免太過頭，但艾碧因此學到了躍過孩子的成就，直接去注意他的焦慮和恐懼。

又比方說，朵麗擔心十四歲的女兒，後者才因在商店順手牽羊被捕。「這樣有音樂表演天份的孩子怎麼可能做出順手牽羊這麼愚蠢的事？她星期五就要演奏。她怎麼可以做這種事？」

很顯然朵麗應該多思考的是：「我這個年輕女兒現在有什麼感覺？她覺得自己少了什麼？她覺得自己沒有價值嗎？一定有一個原因讓她破壞自己的天份，而我要找出這個原因。」朵麗在同理心方面，也還有太多東西要學。

那些混亂的感覺問題

孩子需要面對真實，這概念並不難懂，但是等到妳自己的孩子展示真實感情，但妳不喜歡他的說話內容和感覺時，這就不是簡單的事了。如果孩子表達的是對妳的負面情緒，困難會特別大。我們在第三部份會談到更多讓孩子表現真實自我的議題，這裡是幾個例子，讓妳看到不讓孩子表達直實自我可能給妳這個為人母者帶來的麻煩。

艾麗希斯從小受到的教育是不處理真實感受。她有兩個女兒，現在都有嗑藥的問題。她從沒跟女兒們討論這個問題，只是到我這裡求診，希望我能幫她解決問題。我問她是否曾直接問她們濫用藥物的事，她的回答是：「哦，沒有，我要跟她們說什麼？我真的需要知道嗎？」

費歐娜十三歲的女兒最近向費歐娜表示遭到性侵。女兒不敢對母親說出真相，因為性侵者是家人。費歐娜來求診，希望能夠不相信女兒，就當整件事從沒發生。我跟她一起處理這個問題，讓她能夠好好傾聽她的小女孩說出事情原委。缺少真實陳述可能非常危險。

女兒是我的朋友

妳可能正這麼想著：「我渴望與女兒做朋友。我竭力想達到這種親暱。我跟媽媽不曾有過這種關係，請別說這是錯誤做法。正確做法是什麼呢？」就算女兒已經成年，妳還是她的母親。妳永遠都要承擔母親的責任，提供指導、同理心和了解。妳女兒對妳則沒有同樣的責任。

珍是三個女兒的母親。她把大女兒跟二女兒帶來診所，因為她們表達出她無法了解的憤怒。我請珍先離開房間，好讓我坐下來跟兩個女孩聊聊。珍一走開，女孩們就露出對母親厭惡的表情。我馬上知道我們處於母女關係災難性對抗的局面。原先我還以為或許是因為女孩子們無法得到她們想要的手機、汽車，衣服和自由，但是結果完全不是我想的情況。她們倆都表示，珍期待她們協助解決自己的憂鬱症，而她們既氣憤又無能為力。她們說，每天放學回家都得坐下來聽母親敘述悲傷和沮喪，聽她哭泣，而這些她們都已很厭煩。

珍由自戀型母親養大，其實很清楚問題所在。但她在期待孩子們協助她解決心理問題時，卻落入了類似母親的模式。幸好情況很快就獲得改善。珍回去看心理醫生。不過我們可以看到，即使有這方面的教育知識和自覺，自戀型母親的成年女兒還是可能不聰明地落入其來有自的自戀型行為中。

照顧自己，但跟別人保持接觸

雖然自我照顧是自戀型母親的女兒復原過程的重心，但那不表示只顧自己。照顧自己不是不顧別人的感覺。我看過這類女兒將自我照顧誤解為用不健康的方式專注於自己的需要，即便她們已經清楚自己母親那「一切以媽媽為中心」的想法多麼傷人。

瑪尼家中有三個孩子，但她決定把自己的復原任務設定為用奢侈的衣服、豪華的旅行以及貴重的珠寶來照顧自己，而不給孩子們需要的時間和關注。當她的孩子因為行為不當和犯法而被帶到我這裡治療時，她正在某個海灘上曬太陽。孩子們既憤怒又驚訝，因為這不是一種正常的行為模式。同樣地，瑪尼比一般人清楚這類問題，也進行了一些治療，但並不完全了解自己現在行為的錯誤。進行家庭診療後非常有效，因為一旦她聽到自己孩子的感覺，馬上就設法了解自己真正需要做什麼，才能解決自己和孩子們的問題。

正常的自我照顧意味著找到有成效的實踐途徑，讓妳擁有精力、愛，以及能夠理解別人。找到中庸之道就是了解這不是「非黑即白」的情況——妳既非只顧自己，也不是完全捨棄自我。第三部份將教妳如何這樣做。

我們既然已經了解，母親方面的自戀行為如何在母女關係中創造了負面互動模式，而影響了女兒的成年生活，現在就可以踏上復原之路了。

PART 3
走出陰影的療癒步驟

為自戀型母親的女兒設計的復原步驟

妳在知道如何受到母親行為的影響後，就能開始用下面的步驟從痛苦中復原、療癒。

1. 接受「母親能力有限」這個事實，並為自己不曾擁有理想中的母親而悲傷。
2. 心理上與母親分開，將那些從她而來的負面訊息重整為正向。
3. 發展並接受自己的身份、感覺和欲望。
4. 用一種不一樣的、健康的態度與母親互動。
5. 努力認清自己的自戀痕跡，拒絕將它傳給下一代。

下面的章節會引導妳走過從自戀型母親影響中復原的步驟。在第一部份中，妳開始了解，並確認自戀型母親的孩子所面臨的問題。第二部份幫助妳看到這些問題如何跟隨妳進入成年期。現在，妳在第三部份，會看到如何接受過去，自我憑弔，然後重新整理那些妳已經內化的負面訊息，重塑信念和觀點，並且改變自己的生活。

Chapte 10

體會自己的「感受」，別光在意自己「看起來怎麼樣」？

我但願有一種為持續悲傷所做的精神健康診斷。我沒有精神疾病，大多數時候只是為自己極度渴望的母親形象而哀悼。

——宋妮，三十九歲

從小到大，對於自己的感覺，妳可能擅長否認、無感，或是硬吞下去，而不曾讓自己真正去感覺。妳現在已經成年，卻可能依然如此。從本章開始，妳將恢復正常。我將引導妳轉換自身情緒與提升自我意識。

現在妳已經了解身為自戀型母親的女兒所處的心理動態、及其如何為妳的生活帶來負面影響，就可與過去做個總結，捨棄妳對於母親不切實際的期盼，主動控制自己的生活而達到療癒。是時候讓生活更平和自在了。

妳將可遵循本章的療癒藍圖，我曾用它們讓自己和求診者康復。只要按部就班地進行，必定會看到成效。妳會覺得世界從未如此美好。不過，有一點很重要，就是妳必須知道，童年創傷的疤痕不會百分之百地「治好」。妳會跟它們一起努力，處理它們，學習如何用不同的方式對待它們，讓妳有比較好的感覺。

我把生命看成一棵樹。我們每個人就像樹一樣有樹根（我們的出生與成長）、長而堅固的樹幹（我們的茁壯），以及在我們成年生活中開花結實的樹枝。妳的軀幹或發展過程裡會有疤痕，不會消失，成了我們個人特質的一部份。但是復原工作會幫助我們處理各式各樣的傷口，縫補它們，塗上藥膏，溫和地蓋住它們，帶走那老舊而不時作祟的痛苦，改變原來的創傷，讓妳繞過傷口而成長向上，最終遠離了舊創。請記住這一點，妳才不會灰

我們的成長和發展

我們的根

家族起源和世代傳承

心喪志和誤解。

說真的，知道用不著完全除去那些疤痕，還真讓人輕鬆不少。正視那些發生在我們身上的事情是很重要的，因為它們多少也促成、卻不代表今日的我們。藉由復原工作，妳將拒絕讓過去來決定今日的妳。妳接受「過去是自己一部份」的這個事實，面對它，同時往前邁進。

我相信，妳在接受「母親是自戀者且傷害了妳」這個事實的同時，就踏上了療癒的道路。接下來妳要哀悼不曾擁有的生活與愛。我將教妳如何讓自己成為「接受」的禮物，以及如何利用寶貴的時間來哀痛。請繼續看以下的協助做法。

復原的三個步驟

復原需要三個步驟，第一步是了解問題，加以診斷，然後取得足以界定問題的背景資訊。這對妳生命中可能需要處理的任何情緒的或心理的問題都是必經之路，也是治療師在與妳展開一段治療關係之前要做的事。妳剛完成第一步，知道了問題及其症狀和在生活中的展現方式，這是妳進行以後的步驟時需要擁有的認知或知識上的了解。

第二步，妳已經確認的問題，妳要處理與其相關的感覺。本章要說的就是這個。作為自戀型母親的女兒，妳會有一些不常被認可或被了解的感覺。本書較早部份已幫助妳確認了這些問題，現在是處理它們的時候了。

在我執業地二十八年中，我學到一件非常重要的事：大多數人都想跳過第二步——就是這個步驟。自戀型母親的女兒們很可能喜歡復原路上的第一步和第三步，不難理解，我

復原三步驟

第一步	•蒐集背景資訊 •確認問題 •診斷問題 •在認知層次了解問題
第二步	•處理上一個步驟裡的各種情緒 •讓自己宣洩情緒 •充分體驗這一切 •重整負面訊息
第三步	•重新設定 •不同的觀點 •決心改變 •改變

們會想跳過最能產生改變的、最重要的一步，因為費力穿過以往創傷荊棘前行是很痛苦的。勉力掀開假象，讓自己感受痛苦也很困難。誰會想感到痛苦，對吧！

三十一歲的羅蘭在療程中對我說：「為什麼重提這些事讓我這麼生氣？我真的走投無路了。為什麼這種事會發生到我身上？我向妳描述理想中的母親時心在下墜。讀自己的日記給妳聽也很傷心。為什麼沒有人向我道歉？我不想走過復原過程，我只想趕快把一切拋諸腦後。」

五十四歲的愛莉絲表示：「作為成人，我現在只是學習跟自己的感覺接近而已。我當然沒從媽媽那裡學到這件事。我仍然能夠想像她的模樣以及她多麼想控制自己的情感。她會帶上太陽眼鏡，擺出一張撲克臉。如果我情緒激動起來，她就會說：『停止，不然我就給妳一巴掌！』」

不過，第二步要做的是，「開始學習如何處理所謂『感覺』」這些困難的事。這個過程當然不好玩，不過是值得的。當羅蘭、愛莉絲、其他求診者，以及我自己願意進行這個哀悼的過程時，我們就開始看到最後如何能讓感覺釋放出來。

「處理」感覺跟僅止於「討論」感覺大不一樣。處理的意思是說出傷痛，同時感受那種猶如置身樂音不和諧又高昂刺耳搖滾現場的痛苦。妳可以用說故事的方式訴說某事而無感，但那不是「處理」。「處理」是除去體內創傷唯一的方法。

舉例而言，我可以告訴妳參加外婆葬禮的經過，給妳關於她過世、追思會、弔唁者、家人、神職人員、禮堂的花朵，以及這趟旅程等各類細節，但這只是「談論」葬禮和她的死亡，是在描述事件。如果我要處理我的感覺，我會告訴妳同樣的故事，但同時也感受到失落和哀悼。在這個十分不同的情境中，妳將看到我的淚水，感覺到我的痛苦，我同樣也在描述當時情景及其對我的影響時再次感受痛苦。本章另一個目的就是協助妳進入這種哀悼之中。

人們若跳過復原過程的第二步，那麼第三步就無法發揮作用。我認為這就是許多治療計劃無法成功的原因，因為最辛苦的第二步被省略了。我們在學習用一個有別於以往的健康的方式審視自己的情況之前，必須先除去創傷。

第三步驟簡單地說，是跟「重新框架」（reframing）有關。這是一個心理治療名詞，指的是透過另一副眼鏡、也就是一個新方法來看問題。這是復原工作有趣的階段，這時妳看事情的感覺開始不一樣，也少了源於自戀型母親所造成創傷的症狀和影響。妳為自己做出的決定，將有別於以往自認是「錯誤行為受害者」時所做的決定。妳開始跟自己真正的感覺、價值觀，以及信念系統接觸。妳發現真實的自己，而以自己的方法讓自我運作。這就是自由。我希望每位讀到這裡的讀者都能擁有它。

仔細檢驗復原

現在我們來看治療「失去母親的女兒」的特別項目。此處先列出第三部份將談到的五個基本區域，以利查考。

1. 接受母親的局限，讓妳自己好好哀悼。
2. 在心理上與母親分開，重新檢討那些負面訊息。
3. 面對妳真實的自我感覺。
4. 用一種健康的方式處理母親和妳的關係。

5. 治療妳自己的自戀痕跡，拒絕把這項傳承傳給妳的孩子。

讓我們從「接受」開始。

接受母親的局限

知道自己母親或許無法施予他人真愛和理解，是一件讓人震驚的事。如果妳心中曾經閃過這種念頭，可能一直都不願意面對這個事實。母親按理應該是關愛、撫慰和理解最可靠的來源，如果妳的母親確實不曾給過妳這些，那麼妳很可能妳會拒絕接受自己的感受。女兒們往往因母親無法愛她們而責備自己。記得有位求診者說過：「如果我自己的母親都無法愛我，誰能愛我呢？」所有的女兒們都很難接受母親的局限。

二十五歲的瑪緹娜說：「我已經放棄充滿愛意的母女關係。我有二十五年的證據。但我的『心』還沒有下沉到現實裡。這件事有兩個面向。當她對我好時，像是會幫我買上班的衣服，或為家裡買椅子或油漆補牆，我就會忍不住回到舊模式，重新點燃事情會好轉的希望。」

許多女兒從未放棄希望。三十二歲的珊蒂表示：「我一直渴望有個正常的母親。打扮不像妓女，不跟我男友調情，有正常的假日，關心我和我的男友，給我們兩人大量的愛，參加家庭旅遊，一起開心過日子。她不會想跟我競爭，也不會覺得被我威脅。她會因為我的成就和所做的事情而自豪。我必須放棄這一切願望嗎？」

妳在能夠開始哀悼之前，必須接受自己經歷過的事實。請像這樣思考：一位老師試圖教一個三歲大的孩子大學讀物，可能因自己無法完成這個目標而失望、憤怒、甚至羞恥；當然，一直要等到他了解學生不見得有這個本事，才能解決他的心理問題。多數自戀者都缺乏能力給予他人重要的、真實的愛與理解，妳除了面對這個現實別無他法。接受自己母親在這方面的不足是第一步。請放棄期待情況可能轉變。

我知道的大多數女兒們在不了解這一點的情況下已經度過很長的人生，總是盼望下一次跟母親的互動會不一樣。這種作法不僅建立了不實際的期待，也促使自己不斷嘗試互動，結果只是徒增悲傷、失望、痛苦、氣憤與懊惱。畢竟我們討論的是妳母親，她曾是妳生活的中心，是妳最親愛與最需要的人。我要再次強調這件事多麼困難，但妳一定要做，才能繼續朝自己的復原前進。

請記住自戀是一種光譜式的心理失調，我們的母親可能有不同程度的自戀特質。自戀程度較低的母親如果有心修正自己的特質，是可以復原的。但母親的自戀特質程度越高，她就越可能不會改變或不尋求治療，而妳也就必須接受這個事實。

許多來求診者都不解：「我要怎樣才做得到？」記住，妳無法改變別人。妳只能改變自己。妳如何看事情、如何面對自己的看法，都是妳可以控制的。改變母親則超越妳的控制範圍。妳可能希冀能把母親拉來跟妳一起做治療，許多女士也確實那樣做了。有時候這種作法值得，有時候不然。

不過不管怎樣，成功復原完全要看妳這個女兒怎麼做。別再相信母親能改變，或將來會改變，或會將妳應得的愛給妳。放棄這種希望會讓妳自由，使妳得以找回自己。下定決心接受、並了解母親的能力不足、功能不彰、病況以及局限都已傷害了妳。這個起始的腳步讓妳不再否定自己，迫使妳面對現實。這是邁向健康的一步。這個行動將讓妳重拾主控權，妳需要這種主控權來進行接下來重要的哀悼過程。

我如何知道自己已經完全接受母親的局限？

要確定妳是否已處於接受母親局限的過程中，不妨問自己以下的問題：

1. 每次與母親溝通時，我還奢望她會不一樣嗎？
2. 我對母親仍有期待嗎？
3. 我已經接受母親既定的個性與作法了嗎？
4. 我是否因為已經對母親不抱希望，而期待有別人來滿足我童年的需要呢？
5. 我還繼續不靠自己而設法在情感關係中滿足童年需求嗎？
6. 我正在尋找一個代替母親的男人嗎？
7. 我對自己的需求有一種理所當然該得到滿足的感覺嗎？
8. 我現在是否在靠自己滿足大部份需求，而且當某人在旁協助我時，我視其為額外的祝福，並非理所當然？

妳成功做到復原階段裡「接受」的部份後，就會了解沒有人能真正滿足妳童年的需求，是故妳選了上面的第八項。生命中那個認為自己理當得到母親賦予的部份已經消失了。妳願意為失去的哀悼，但完全了解自己不可能回頭找回那失落的，當下也不可能找到別人來彌補失落。記住，作為成人，妳並非理所當然能得到妳想要的。妳現在要為自己負責，願意為自己的需要接受這種責任，自己去找一種方式滿足需要。如果妳已有這種認知，就可以開始哀悼了。

教自己哀悼

在妳的感覺得勢之前，先處理它們。

——電影《來自邊遠的明信片》中的戒癮顧問

哀悼過程始於另一個決定：要讓自己的感覺到位。我曾經教自己如何做，尤其是在悲傷或憤怒時。當我開始去感受，有些日子我會待在家裡不去上班，把孩子送去學校，拉上百葉窗，抱著枕頭，就只是讓自己哭泣、尖叫、捶枕頭，或採取任何讓自己發洩悶氣的方法。開始時，我只是靜靜坐著，沒有任何感覺出現，但我知道大量的感覺存在著，它們在我最不希望的時刻會以其他方式爆發出來。最後，給了自己這個機會，我開始滴下淚珠，進而淚如雨下。關鍵是不加以抑制，要感覺它們。在妳長期被教要假裝沒事，或勉強吞下，或不去感受，掩飾感覺，明明有事卻假裝沒事之後，現在要讓自己真正去體會是很困難的。

請跟妳的感覺作伴，跟痛苦作伴。管理好跟這些感覺一起出現的焦慮和沮喪，這樣才能處理感覺。不要試圖找理由逃避。妳周圍的人可能會勸妳別這樣。沒有人希望看到妳受傷，妳所愛的人可能不了解這是多麼重要，所以不要聽他們的。讓妳自己感覺！當陳年的否定蠢蠢欲動，或那批判性的訊息又開始，將它們趕走。告訴妳自己，妳值得擁有這段療癒的時間。

這個時候很自然會覺得自己軟弱無能或像個嬰兒。我定期做這件事，即使是現在，我也有要處理的感覺。我必須告訴自己：「當下做個嬰兒是可以的。嬰兒又甜美又天真。」妳不會永遠是嬰兒，我保證。這種情況不會持續，因為妳用這個方法就將感覺處理掉了。

妳可能開始設法理解痛苦。「我不應該感到這樣」或「我那時的情況沒有那麼糟」。這樣是無濟於事的。不管那是什麼，都必須讓它離開。接受事實。有時候為了達到這樣的效果，妳必須安靜，找時間獨處。如果妳習於用忙碌來避免痛苦，或用某種替代物或上癮的東西麻醉痛苦，那麼在步調放慢或讓自己獨處時，妳就會注意到浮現出來的感覺，這樣做非常重要。把一段時間騰出來，專門來經歷這段哀悼過程。多做幾次，直到自己開始感覺卸下重擔為止。

試試幾種不同的活動，找出對妳有效的方法。就我而言，單獨在家、將窗簾拉上時效果最好。有些女性喜歡走很久的路，或跑很長一段時間，或在山裡健行，或去開車開很久，或坐在咖啡店裡，因人而異，重要的是找到妳自己自在舒適的方法。最重要的事是，妳讓感覺浮現。曾被教以不要感受感覺的自戀型母親的女兒們起初會感到尷尬，難以給予自己這種情緒專注，但其實是可以做到的。

哀悼階段

伊莉沙白．庫伯勒—羅斯博士（Dr. Elisabeth Kubler-Ross）在《論死亡與臨終》（*On Death and Dying*）書中提到自然的哀悼過程有五個階段：否認、憤怒、討價還價、沮喪，以及接受。我們也將利用這些階段來幫助妳康復，不過得要先談談接受。

我們跟母親的關係已有很長一段時間經歷了否認和討價還價，若無接受，就無法接下去處理我們的真實感覺。缺乏接受，我們就停留在否認階段。接受以後，我們才能處理因失去而來的憤怒和沮喪，然後才能讓自己從纏繞一生的痛苦中解放出來。我們來看看這套方法如何發揮效用的一些例子。

我們的哀悼階段

1. 接受。我們首先必須接受母親能夠付出的愛與同理心都有限，否則就無法不再否認自己而學習體驗自己的感覺。「接受」是我們了解問題之後，開始復原的第一步。
2. 否認。我們還是孩子時。必須否認母親無法愛與理解我們，這樣我們才能生存下去。孩子最渴望的就是愛，我們必須否認自己得不到，才能繼續成長和活下去。
3. 討價還價。我們過去的生命一直在跟母親討價還價，當她的面或僅止於我們心裡，都是這樣的。我們一直痴心妄想她會改變、下一次我們需要她時會有不同的反應。多年來為了贏得她的愛與肯定，我們已經試過許多方法。
4. 憤怒。當我們了解自己的情緒需要沒被滿足、而這種模式已經帶給我們嚴重的負面影響時，我們大為氣憤、有時候甚至暴怒。我們對母親生氣，也氣自己竟然讓這種模式持續發展和讓自己困頓不前。

5. 沮喪。我們為必須放棄自己對於理想母親的希望和形象而感到強烈的悲傷。我們了解她永遠也不會像我們希望的那樣愛我們。我們覺得自己像是孤兒或沒有母親的孩子。我們放棄所有的期待……我們因失去這些所有的期待願景而悲傷。

哀悼過程中，妳會在各個階段間反反覆覆。除非妳很堅定地接受母親確實是自戀者而她不曾付出妳所需要的、渴望的愛，否則不要在復原之路上走下去。因為妳只有在完成「接受」這個階段後，才能夠正確地哀悼。如果妳發現自己並未「接受」，就請回頭重新來過。要讓復原奏效，一定要先「接受」。

使用日誌

利用日誌走完復原過程，對妳有很大的幫助。在這個復原計劃中，我會談到將事情寫在日誌中何以能整合所有的事。寫日誌是記錄浮現之感的一種方法，也有助妳檢討這些感覺和檢查進度。有些女兒們喜歡用筆寫，有些人則喜歡寫數位日誌。我的電腦裡有一個哀悼檔案，一天結束時我會去照顧一下。我可將浮現出來而必須處理的感覺都扔上去。將感覺寫下來也是把它們從體內卸除的一個方法。藉由記下日誌，妳強化了創傷的釋放。想到任何事都可以寫進去。

許多女兒們起先抗拒使用日誌，因為她們不喜歡書寫，或害怕有人發現內容。不過，我鼓勵妳們使用日誌，因為此舉表示妳認真看待復原這件事。妳承諾記錄下來，試著追蹤，並且監督自己的進度。為了妳的健康快樂，這種時間投資是值得的。妳會希望掌控自己的療癒，有意識地對付這些終身感覺，免得最後讓這些感覺來對付妳。

哀悼那位妳從來沒擁有過的母親

每個小女孩都值得得到一位深愛自己到了極致的母親。妳若從來沒有一個愛妳的母親，就有權利哀悼這項損失。

當妳讓感覺浮現出來後，要認出它們，記錄下來。首先描述妳心目中理想母親的各項特質。想一想妳想要的、或妳在其他母親身上看到的特點。將這些妳希望有的母親特點與妳自己母親的特點加以對照。認真面對妳的失望和感受的痛苦。這個做法在復原工作上非常重要。找出缺陷，記錄下來。這樣做是可以的。

以下是一些女性在理想媽媽項目中寫下的內容：

「我會希望有某個可以打電話傾訴的人。可以了解我的人。我可以跟她談自己的感覺、而她不會說任何她自己的事。」

「我希望有一個提到我時，能以真實的、包容的方式因我而自豪的母親；一個對我有興趣的事情感興趣的人；一個關心我一切的人；一個承認我存在、不會每件事都跟她有關的人。」

「我一直希望能夠卸下心防來告訴她真相，而且知道她會照顧我。我希望有感覺，並有她在旁感受到那種感覺。告訴她一些事，她能幫我處理而不會弄得更糟。要能夠安慰我和保護我。」

「我想要一個了解我生活脈絡的人，不是一個遙不可及且不挺我的人。我希望她詢問、關心外孫女。每隔一、兩年，她會來問我生活如何。我真心希望會有這些跟現實不一樣的狀況。」

「我非常希望和需要一位能夠處理真實感受、而且情緒上很堅強的媽媽。這個媽媽讓我發展真實自我，不期待我是她拿來炫耀的東西。如果她能提供一些同理心和安慰，那我真是有福氣。我甚至根本無法把她跟這些特點聯想在一起。」

雖然大多數女兒們為自己沒有得到母親的愛而悲哀，但她們有一種從小就深植於心的信念，認為自己不配得到一個愛自己的母親。但我要說，妳是值得的！如果妳不曾得到這種愛，就必須承認沒有得到，因而妳的情緒發展過程中有一個洞，一種缺漏。面對這種悲哀，是今日妳發展自我的關鍵所繫。我不是說妳永遠會因此而悲傷，而是說妳承認它，面對它，讓自己為它造成的痛苦而悲傷。我們會走出這個哀悼階段。這不是妳今後會永遠生活其中的情況。

在妳走過這段過程時，不要聽別人說三道四。好心的朋友和愛妳的人往往會說這些話：「早就忘了。」「妳不能改變過去——別試了。」「把過去拋在腦後，活在當下。」那些跟妳很熟（或有些不那麼熟）的人會勸妳不要做這項重要的工作，那是因為他們不了解這件事多麼重要。他們或許不想看妳受苦，因此嘗試把事情搞定。他們不了解，如果妳不面對這種悲哀，這個問題就永遠會是生活的一部份。不要聽這些不合格的忠告。這也正是何以今天很多人在投射自己的感覺和錯誤的行為，為自己和別人製造危機，受困於沮喪和焦慮，以及無法為自己的行為和情緒負責——他們沒有面對自己痛苦的真實面。

我以個人和專業的經驗，告訴妳完成復原過程第三步驟的「關鍵」，讓這一步能產生效果。如果妳因為恐懼或聽信他人意見而忽視此一步驟，妳的復原工作不會有效。這一步是復原過程裡最重要的一步。

有時候，小孩子比成人還了解哀悼和哭泣的需要。我在撰寫本章時，一位朋友用電子郵件寄了一個故事給我，那是關於一個四歲孩子了解、而許多成人已經忘記的事。

這個孩子的鄰居是個老先生，最近喪妻。小男孩看到老先生哭泣，於是跑進老先生的庭院，爬到他腿上，坐在那裡。後來母親問他剛才跟鄰居說了什麼。小男孩回答：「沒說什麼，我只是幫他哭出來！」

妳的哀悼展現的形式可能是極度悲哀、氣憤、甚至暴怒。除了書寫記錄，不要採取任何行動。不要摧毀自己或別人，但要讓妳感受到這些情緒。一直哀悼到妳無法忍受自己為止。我在受不了自己時就知道哀悼階段已經完成了。最後，妳這個生命旅人會從每天扛著沉重行李到輕裝簡行，拋棄所有的行李以後，只感到無比輕鬆。

意料之中的罪惡感

罪惡感會不期然冒出來。我們的文化教導我們「好女孩不恨母親」，因此當妳感到氣憤、暴怒和悲哀時，非常可能也會產生罪惡感。此刻就讓自己感到有罪惡感吧。

我幾乎每一次訪談和臨床診療自戀型母親的女兒時，那位女兒都會提到自己在以負面言語描述母親時的感覺多麼糟糕。這是妳抵達彼岸前必須解決的一個禁忌。我不是鼓吹妳恨母親或對她表達妳的憤怒。妳如果現在讓自己感受憤怒，那麼怒氣就不會持續存在。在妳能夠將失落和失望拋諸腦後之前，妳必須面對它們。妳的目標是超越追究責任，使妳的內在有更深的了解和寧靜。這也會讓妳能與母親和好。

六十二歲的瑪莎告訴我：「我在這次跟妳面談前大有罪惡感。我母親最常說的一句話是：『家醜不可外揚。』如果她知道我討論她的不是，必定會大受驚嚇與大發雷霆。」

哀悼那位從未存在過的妳

下一個特別的哀悼對象是那個從未存在過的小小的「妳」。真實的妳提早成為照顧母親、有時候照顧全家的人，錯過了好好做小孩的機會。

請思考一下，如果妳當年可以只是做一個孩子，可能做了什麼事。想像妳自己現在就正在做那些事。把這些事寫下來，看看妳曾經錯過的東西。讓自己的感覺停在那裡，感受那些感覺。如果妳有藝術才能，請畫出自己做那些希望做的事時的情景。或許，已經是成人的妳，現在可以做這些事了。我們在十二章會就此話題深入討論。

最初我為了自己的復原而努力於哀悼階段時，使用過一個現在經常讓求診者做的練習。我會在孩子們就寢後坐進一張搖椅，在搖椅晃動時閉上眼睛，想像自己是一個小孩。我會看到一個綁著金髮長辮、穿著紅色靴子的小女孩。然後我會張開雙臂，邀她到我身邊來，請她告訴我需要什麼。小女孩第一次出現時，表情悲傷，重重地踩著小紅靴，髮辮飛揚著。她看來很生氣。當她跟我講話時，我開始覺察到自己現在必須照顧她，我也看出這個孩子錯過了什麼。我們會窩在搖椅裡一起哭泣。我花了很多時間重複做這個練習。妳如果提出邀請，內在的孩子就會跟妳說話。把每次互動發生的事記入日誌。

另一個有助於觸及妳「小女孩的需要」的技巧，我稱之為「玩偶治療」。請去逛街，找一個跟妳三歲到八歲之間很像的洋娃娃，直到找到一個妳喜歡的娃娃為止。把她帶回家，跟她說話。把她放在床上、衣櫃裡，或沙發上，是妳視線所及處。這樣可以提醒妳她有需要。妳問她錯過了什麼，現在希望妳給她什麼。寫下腦中浮現的想法，免得妳的想法在日復一日的忙碌中消失。這種消失是很容易發生的。妳希望能夠隨時回到這個列表，檢查妳什麼地方仍需要哀悼，以及如何給予妳自己當年不曾得到的東西。

妳在進行這個哀悼過程時，請讓內在小孩或那個娃娃在不同年齡對妳說話。讓她進入青少年時期，甚至十八歲也可以。許多女兒記憶中最深刻的部份，是她們那段辛苦度過、希望母親在身旁的青春期。如果妳的記憶甚至從二十幾歲或成年後才開始，就用這段也無妨。

如果妳讓自己平靜，也有時間，妳需要處理的感覺就會浮現。

在這段復原期間，求助於心理治療師很合理。先試試聽妳自己的建議，因為在我治療自戀型母親的女兒們時，自己內在的建議確實有用。但是如果妳卡在這個階段，沒有任何感覺出現，那麼尋求專業協助就能有所改進。妳或許希望求助於一位知道「眼動身心重建法」（EMDR）技巧的專業精神健康提供者，這種專業技巧對於處理感覺特別有幫助。請上「眼動身心重建法協會」（emdria.org）網站，尋找妳所在地的「眼動身心重建法」合格治療師。在這個網站上也可看到相關文章，幫助妳了解這項技術如何運作。簡而言之，這是一種針對創傷和麻痺相關感覺而設計的療法。我已經在求診者身上使用多年，可以證明確實有效。而且奏效速度更勝直接口說指示。

找到正確的治療師，也就是找到一個具有恰當資格而且妳可以親自聯絡的人。這是治療成功的關鍵。就這種特殊的治療技巧而言，我甚至建議找一位比妳年長的女性治療師。如果對方本身是母親或外婆，也會很有幫助。這些選擇都不是絕對的，只是有助於建立信任和情緒連結。

不過，自戀型母親的女兒復原工作第一步的重點，是盡可能獨自做出接受與哀悼的行動。然後才可以談接下來的章節和建議。如果妳不做好接受與哀悼，那麼剩下的復原工作根本無法發生。妳需要的是真實和永久的復原。如果妳認為自己已經做到了接受和哀悼，就可以開始以下幾個章節的工作，如果妳發現它們起不了作用，就直接回到第一步重新再來。妳希望（事實上也必須）先把房子清理乾淨，才能繼續進行情緒和靈性的室內裝潢。

四十四歲的洛鄔告訴我：「我必須承認我恨這部份復原工作，但是，天呀，它還真值得。我過去已經試了又試妳提過的其他復原部份，但是一點效果都看不到，一直要到我崩潰且感受到這些很糟的感覺，一切才有了起色。」

咪咪說：「我從來不認為自己是一個暴怒、氣憤的人。我總覺得那樣就是說自己是個潑婦，所以就像避開瘟疫一樣不讓自己那樣。這一步我很難做到，特別是感覺那部份。我能夠講一大堆母親的問題，但從來不願意承認她已深深傷害了我。就好像她又贏了一次、而我又成了受害者。我現在知道，要到達彼岸就必須是那個暴怒、氣憤的受害者。」

彼岸是妳開始成長與鞏固自我的地方。妳準備好時，就來跟我一起在下一章這麼做吧。

Chapte 11
母親只是生命的一部份，但妳仍可保有自我

如果每個人最後都像自己的母親，究竟意義何在？

——伊莉莎白．史卓特，《伊莎貝爾的秘密》（Amy and Isabelle）

成為一個真實與完整的人，是從自戀型母親的影響中復原的終極目標。妳的下一步是以成年人身份從心理上與母親分開，這樣妳內在的情緒心理才能成長。當妳的內在情緒成長後，妳就會更強而有力。妳可以自立自強，可以在面對來自母親的情緒剝削時，不因她的嘮叨而喪志，也禁得起外在環境任何人的批評。不論在母親身邊或與她相隔千里，妳都是一個完整的個人。這就是同時做到「既屬於其中，又各自獨立」，而妳始終都能保持堅定的自我。

為何心理上與母親分開對妳的精神健康很重要？

個體化（individuatioin）是一個人生命發展中正常的一部份，從孩子大約兩歲、開始說「不要」和「我的」的時候開始，一直持續發展到孩子逐漸長大而有了自己的需求、欲望，以及執意離開父母、建立健康的自我意識。心理健康的父母會讓這些改變逐漸而自然地發生。

自戀型母親的孩子在個體化方面發育不良，因為母親要不是緊緊管住她，就是完全漠視她。一個不被重視的孩子無法滿足情緒需要，也無法在養成自我意識並離開父母這方面有所收穫，因為她還在設法獲得母親的愛。她像小嬰兒一樣設法依附著母親，試圖得到母親的認同與注意。被嚴格管制的孩子則不被鼓勵離開母親，也不被允許擁有個人需要、欲望、想法和感覺。兩種女兒的情緒需求都無法滿足，都難以發展出自我意識。如果妳正在跟主宰自己人生和感覺的問題角力，或者妳無法欣賞自己的成功，那麼妳就是跟大多數自戀者母親的女兒一樣，正艱難地設法在心理上獨立自主。妳可能仍在搜索和發展完整的自我。

曾經有許多年，我只要覺得不勝負荷，最喜歡說的就是：「我做這個還太小。」我發現自己只要面臨一個大計劃或必須做一個重大的人生抉擇，就會有這個想法出現。有一天我突然領悟，這個無意識的陳述背後有更深沉的真相。

在某次心理治療當中，我的治療師不經意地問我，為什麼決定繼續住在那棟跟前男友同住過的房子裡。那棟房子一個人住似乎太大了，為什麼我不搬到一個比較小、比較符合現實的「我自己」的住處呢？我覺得當時自己完全呆住了，當下的反應就是「我太小，不能搬。」治療師的眼睛一亮，微笑起來。我立即感到被冒犯，頗為氣惱，但是他溫和地解釋道：「這就是問題所在。」

我確實覺得「太渺小」。如果妳在母女關係這方面還沒完成個體化，妳這個階段的生命發展等於沒有完成，情緒上是不成熟的，妳只是半個人，渴望著成為一個完整的人。如果妳的情緒自我發育不良，就不會跟妳的身體、智力，以及精神自我呈等比例的成長。妳必須治療好這方面，才會是一個完整的人。

幾年前，在我感到有壓力時，總會不由自主地說出「哦，媽咪。」感謝上天，現在我已經沒有這種衝動，但我仍然記得當時覺得自己多麼像個嬰兒和孤兒。我在書寫的此刻忍不住微笑，因為我能承認這個事實，也為自己已經超越而感恩。

與母親及童年切割就是讓自己離開負面自語，像是：「我不夠好。」「我不值得愛。」「我無法信任自己。」這些訊息在妳已經內化後，就像妳母親當初一樣對妳說話。請為妳自己評估一下這些話的內容，把它們挑出來，讓它們失去影響。妳這樣做時，就是在用一種健康的方法讓自己離開功能不彰的母親及她自我摧毀的信念系統。妳將看到自己是一個有獨立個性的女人。

三十五歲的葛蕾西痛苦卻清晰地記得，自己當初建立獨立人格時所經歷的掙扎。「我花了很長的時間，才覺得自己不受制於母親。她先是與我密不可分，後來就全是她，毫無距離。」

瑪麗安娜希望跟家人親近，但也需要保持自己辛苦得來的自我意識。「我新建立的自我意識似乎運作得不錯，但一到跟母親和家人相處，我就好像又被吸回到以往大家習慣的行為模式。即使我跟他們所有人在一起，我也極度希望能做自己。」

究竟「切割」是什麼意思？

心理學的文獻將「切割—個體化」（separation-individuation）解釋為定義自我，以及「分化」（differentiation）。每個人都必須經過離開原生家庭的個體化，才能完全成長。心理上的切割是內在過程，跟空間上與母親或原生家庭切割沒有關係。根據著名家庭心理治療師慕瑞．博溫（Murray Bowen）的說法，一個成年人只要常有三種情況，就可以認定自己已在進行個體化：一、對家庭互動較少情緒反應；二、在觀察家庭互動時更客觀；三、覺察到自己成長過程中一直沒注意到的「迷思、畫面、扭曲，以及三角關係」。在妳經歷了前一章談到的接受和哀悼過程後，妳就能成功地達到這些步驟。博溫說：

有一點觀察別人和一點控制自己的情緒反應能力的人，具有應付生活各種情緒襲擊的能力。大多數時間他能過自己的生活，以恰當而自然的情緒因應外界，但他知道，任何時刻他都能夠離開這種情境，放慢自己的反應，進行有助於自我控制和情況的觀察。

我如何讓自己脫離母親軌道？

讓自己脫離母親的生活軌道，是妳真正掌控生活選擇、成為妳本該成為的人唯一的方法。當我的求診者正在經歷此一階段時，我引導她們走過以下三個步驟：一、了解母親如何將她的感覺投射到妳身上；二、了解並處理來自母親和別人的嫉妒；三、除去負面的內化訊息。接下來，就讓我們一起一步一步前進吧。

投射

詮釋「投射」最好的方法，就是某人視自己的情緒來自別人，相信是別人讓那些情緒發生。人在不處理自己的痛苦或內在衝突時，會做出這樣的結論，為自己的不安而怪罪別人。自戀型母親的女兒通常是母親「投射」情緒的犧牲者，它的影響包括脆弱的自我和討厭自己。女兒不了解這種恨意而將其內化，因此她認為自己很壞、或不夠好。女兒們很小就遭遇到這種情況，因此覺得正常而真實。

處理母親的嫉妒

自戀型母親的女兒們通常覺得母親嫉妒自己。現在就是認識與了解這件事的時候。許多人相信，受到嫉妒令人感覺愉快與精神奕奕，但事實上，被嫉妒、尤其是被自己母親嫉妒，是令人緊張不安、可怕的經驗。女兒的自我意識被厭惡與批評抹掉了。她的優點被質疑、加上壞標籤，或被輕忽，讓她覺得「自己生而為人的痕跡被洗刷殆盡」。女兒在分析母親似乎嫉妒她的某方面，例如外貌、成就、財富、體重、個性、朋友、丈夫或男友，或者跟夫妻或兄弟姐妹的關係時，就會有自己不配擁有這些的感覺。女兒無法相信自己的母親會對自己有這些不好的感覺，她因而得到這樣的推論：必定是自己出了問題。

女兒們一般難以接受被嫉妒的事實，也很難公開討論此事。我認為這是因為她們連在「想到有人嫉妒自己時」都不希望顯得高傲。我們可能討論自己嫉妒某人或某事，但要說我們認為某人嫉妒自己，就顯得怪怪的，不是嗎？自戀型性格母親的女兒通常看不出自己好到被別人嫉妒的地方，而只是覺得自己又做錯了什麼事。對妳而言，這種嫉妒感是很真實的，尤其是，如果妳記得起母親針對妳或妳做的事而發表的評論、挑剔，以及論斷的話。

妳以前或許曾經嘗試從其中理出頭緒，但現在重要的是寫下所有感覺，比方說嫉妒的話語。在日誌上看到白紙黑字將有助妳認出那來到妳人生旅途、在妳靈魂深處建立可怕感覺的失真描述。

如果妳因這些說法而責備自己，並設法糾正這對妳而言似乎是誤解的看法，妳必定徒勞無功，因為被自戀者所扭曲的嫉妒感是不可能更正的。嫉妒只會跟著那缺乏安全感的母親，讓她短暫地對自己產生比較好的感覺。當她先是嫉妒，接著批評與貶低妳時，她將妳趕出她的生命，因而減少了對她脆弱自尊的威脅。嫉妒是自戀者行為表現中一個有力的工具，妳在母親與別人接觸時，或許也曾見過類似的狀況。只不過當她把矛頭指向妳時，就為妳帶來無助的感覺和痛苦的自我懷疑。

為了讓自己不再困惑並看到嫉妒的本質，妳必須承認自己的優點和強項。不要懷恨或以醜陋的手段報復。衝著妳來的嫉妒並不屬於妳，妳不需要認同。妳可以做真實的自己，感受傷害和悲哀，但是不要反擊或試圖報復，你可以把握內在的良善。我治療的大多數女兒都不存報復之心，所以我想妳們大多數應該也一樣。《仙履奇緣》是自戀型母親的女兒們最津津樂道的童話故事，這狀況是不是很有趣呢？

除去負面訊息

要除去負面訊息，首先得思考妳如何做出一大堆決定。妳主要根據自己信任的資訊做決定嗎？那份資訊來源通常都可靠嗎？妳有資料告訴妳，這個來源是妳能依靠的某人、具有能夠給妳忠告或協助的信用嗎？妳通常跟此人來往經驗良好、能夠信任對方的看法、資訊和知識嗎？這個可靠的資訊來源通常尊重妳、在乎妳的感覺嗎？妳所有的答案很可能都是肯定的。

那麼我要問妳，既然妳那些自童年起內化了的訊息來源不誠懇、不能提供愛與理解，甚至不能與妳建立親密情緒連結，又因為她不碰觸自己的情緒卻把情緒投射到妳身上，再加上嫉妒妳，而妳竟然相信來自她的訊息，這是明智之舉嗎？妳為什麼要讓此人定義妳的自我？

好好思考這個來源。在妳提筆或坐到電腦前面確認並記下那些負面訊息時，提醒自己這一點。將它們寫在一欄裡，而在另一欄寫下何以其言非真的原因。舉例來說，「妳不夠好」是真的嗎？誰說的？妳只需自己覺得夠好就行了。

一旦妳已認出負面訊息、也已做了回應，說出它們為甚麼不對，妳下一步就是「記住」，腦中一出現任何訊息，就做這樣的練習。這樣妳就可以抹去舊的，而每次腦中出現新訊息時就放進新的。做好這件事需要一些練習，不過最終妳的堅持是值得的。

雖然進行這項復原計劃會為妳帶來成功，但妳若難以除去內在訊息，而需要額外協助，就該尋求使用「眼動身心重建法」的治療師來幫忙了。妳需要把自己特別的負面訊息帶到治療師那裡，而為了讓這種治療產生效用，他很可能會請妳就每個訊息喚起一個創傷記憶。

「切割」的先決條件

妳怎樣知道自己已經發展出真正的自我而脫離了母親的軌道？妳怎麼知道自己成功地不重複母親那不彰的功能，而頂天立地、堅強有力地活著？《尋找真實自我》（*The Search for the Real Self*）作者詹姆士．馬斯特森（Jamese Masterson）描述了真實自我的關鍵能力。下面是我為女兒們所作的詮釋：

1. 經歷各種深含生命力、愉悅、活力、興奮，以及自發性感覺的能力。妳讓自己體會真實的感覺，不製造麻木自己整體情緒的障礙。妳讓自己用合適的方法表達這些感受。

2. 期待合理權益的能力。妳相信自己，不再充滿自我懷疑的憂慮，因而在妳該得讚譽和功勞時自在地接受下來。

3. 自我啟發與堅持的能力。妳能夠確認自己的夢想與願望，也能在相信這些的同時展開實現的行動。

4. 肯定自己的自尊。妳現在相信自己有價值，並能不管外界世俗是否認可而確定這個價值。

5. 會舒緩痛苦的感覺。當生活出現痛苦時，妳能安慰自己，不必逕自吞下不幸，也能找到解決之道。

6. 有能力承諾並信守諾言。妳在做出正確的決定後，能堅定立場，克服阻礙、批評和挫折。

7. 創造力。妳能找到解決問題的方法，資源豐富，也能用積極的方式取代及淡化消極想法。

8. 親密關係。在與某人的親密關係中，妳能充份而誠實地表達自己，絲毫不會擔心被拋棄或挾制。妳能創造情緒親密感，不必害怕或焦慮拋棄或迷失了自我。

9. 獨處的能力。妳能享受與自己單獨相處的關係，並且從中找到意義。

10. 自我的延續。妳的內在核心是真實的，經歷生活的考驗和磨難，直到老年始終如一。

妳或許會想，聽來不錯，但是我永遠到不了那裡！本書剩下的章節將幫助妳獲取以上全部能力。但請記住，復原是終生事業，不可能立即完成全部。以下是一些已經離開母親束縛而成為獨立個體女性們的勵志故事。

四十歲的艾琳說：「我在開始心理治療之前，從來不懂『個體化過程』。現在我可以看著母親，但同時又保有自我。我無法告訴妳這對我有多麼大的意義。」

三十四歲的安娜波表示，「了解嫉妒那部份，對我是一大進步。這事在我生活中產生的痛苦一直像是沒完沒了——我指的是母親、姐妹、還有一些女性朋友顯露的嫉妒。對於自己任何好事或成功的事，我總是守口如瓶，免得激怒她們。現在我了解別人的嫉妒跟我一點關係也沒有，我能夠自豪，覺得自己不錯。我無法告訴妳這在『我相信自己』方面多麼重要。我以前總是必須貶低自己、才能感到被別人接受。現在我可以只做自己。」

六十二歲的克羅伊說：「以前我一直覺得，好像如果我犯錯，就比較會被母親接受。我做得好時，她總是會說些不好的話。要不就是會發表一些我把自己抬得太高的評論。這點非常傷人。現在她說的話我都無所謂了。在離開她以完成個體化這件事上，我曾經非常辛苦地努力，但現在知道她不再是定義我的可靠來源。這件事終於合理了。」

何麗的母親是牧師。何麗一直覺得有壓力與「比別人差」，因為她成年後沒有選擇家裡的宗教。「做了這個復原工作後，我發現當母親在信中描述我應該做哪種妻子時，我不再鎮日思索而一事無成。我能夠接受她自己的價值觀，但也接受自己關於靈性和生活方式的想法。現在我的感覺非常中性、平和，就像我在控制自己的生活。」

三十九歲的柔斯媞說：「以前我常常跟母親通過電話後會連續哭好幾天。她總是說一些我何以永遠無法出人頭地、而我信以為真的話。現在我看得出她這個來源不可靠。她有一些嚴重的問題，卻將問題發洩在我身上。我仍然認為這種情形極度悲哀、糟糕透頂，但我不再糾纏其中了。」

讓我們邁向下一章，以便更關注作為一個有價值女性的妳，和妳獨特的特質。

Chapte 12
愛自己，擁抱自己，探索被媽媽忽略的真實自我

在自己身上找到快樂不容易，在其他地方找到則是不可能。

—艾格麗絲·瑞普奈爾（Agnes Repplier），《財寶箱》（The Treasure Chest）

多年來，妳被誘導成為母親期待的人——不論是外表、行為、信念、價值觀——現在是專注在妳對自己期待的時候了。不再屈服於母親型塑妳成為她形象的企圖，不再擱置妳內在成長而取悅母親，不再在漂亮的小臉蛋上擺出虛假的微笑。

為了進行我在本章鼓勵妳做的有趣的事，希望妳先正視兩個嚴肅的議題。

1. 如何樹立並強化妳「內在的母親」。
2. 如何了解並管理「崩潰」。

我們將討論這兩個觀念，以及妳恢復自我所需要的策略。

內在的母親

要了解內在的母親，不妨把她想成自己的母性本能。那是一種來自直覺、對妳說話的聲音，希望滋養、愛和撫育妳。過去妳必須放棄外在母親滿足妳需要的奢望，但現在妳能有一個隨時準備關愛妳的內在母親。她讓妳能夠自己做自己的母親。

許多女兒們初次聽到做自己的母親時會有悲傷和憤怒的感覺。但在她們了解並接受這些感覺後，內心反而變得堅強有力。

要讓內在母親成長，首先必須同意讓她存在。妳讓她那仁慈的母性聲音在心裡迴盪，讓自己聽見那聲音。開始時請找一個妳能獨處的安靜、可愛的地方，可能是浴缸、陽台、辦公室或散步的路上，只要對妳有效就可以。設法創造一個不會被干擾的環境。開始時讓自己完全安靜，專注在自己身上。準備好日誌，寫字墊和一支筆。

妳的第一個工作是寫下一張我稱之為「我很……」的清單。要做好這件事，重要的是讓妳的內在母親分享並檢視妳許多強項和特徵。將它們依照類似這些例子的方式寫下來：「我很堅強、很聰明、很有智慧、很有愛心、很會幫助人、很有同理心、很勤勞、很有活力、很有生產力、很敏感、很誠實、表裡如一、多才多藝、很會照顧別人、很負責、很有靈性、內外皆美、很健康」。

下一步要做的，是排除諸如「我沒有任何優點」之類的負面訊息。妳內心深處知道自己當然有優點。只要妳同意，內在母親就會幫助妳證實並確認那早已存在的正向的妳。如果負面訊息頑固不去，那就是一項警訊，表示妳還有哀悼與創傷，需要回到第一步去。正如之前討論過的，除非妳已經進行了合宜的「哀悼」，否則重新建立的訊息不會「持續存在」。

妳的「我很……」表單是妳與內在母親相處的開始。妳要練習跟她在一起，常常跟她說話，讓她安慰妳。我經常告訴求診者在這個階段要用對待一個兩歲小孩的態度對待自己。要溫和、仁慈、理解，以及親切。妳絕對值得如此對待。妳若不知道怎麼做，就問問內在的母性，如何因應一個具有同樣感覺或掙扎的孩子，然後照著做。當我想到兩歲的孩子，我會想把他們抱進懷中，給予大量的愛和關懷。我估計妳的母性直覺也大致跟我一樣。

如果妳練習與內在母親諮商，她會開始成長茁壯。妳會感到「社會化的我（me）、我自己（myself）以及獨立的我（I）」三者組成的「委員會」正在形成。內在母親統御這個「委員會」。我已經發現，演練和強化內在母親的時機是那些妳不知如何是好，而想向別人尋求幫助和忠告的情況。這就是妳將注意力轉向內在、從母性「委員會」找到直覺答案和建議的時候。妳越跟她們互動，妳就變得越強壯和自信。這位母親永遠不會拋棄妳。

當妳經歷「崩潰」時，妳會特別需要內在母親。

崩潰

在真正的自戀意義上，自戀者往往會經歷所謂的「自戀式傷害」。根據《精神異常診斷和統計手冊》（*Diagnostic and Statistical Manual of Mental Disorders*, DSM）的說法：

> 自信方面容易受傷，使得自戀型人格者對於批評或失敗方面的「傷害」特別敏感。雖然外表可能看不出來，但批評有可能像噩夢一樣糾纏這類人，或許讓他們感到屈辱、被貶抑、無用和空虛。他們可能的反應方式為厭惡、暴怒，或者出現防禦性的反擊。

就我所知，有過此種傷害反應的自戀型人格者需要很長的時間才能療癒；他們心懷怨懟，想要報復那被他們視為欺侮他們的人；他們要復仇，設法為他們的攻擊者製造問題，而且似乎永遠無法忘記或寬恕對方。

大多數我曾協助過的自戀型母親的女兒們都經歷過類似但程度較低的情況，這種情況被稱為「情緒崩潰」。她們覺得自己好像剛吹飽了自信氣球，結果所有的氣都漏掉。她們需要一點時間穩住氣球並重新打氣。這種情況跟自戀者傷害不一樣，因為這種傷害的時間不會太長，而女兒們可以原諒與寬恕，也不會長期受到驚嚇與羞辱。同時，她通常不會尋求報復、以牙還牙或想傷害別人。女兒們的崩潰來自她內在的敏感性，後者則源自兒時、青春期，以及成人期間受到自戀型母親的侮辱和漠視。當「崩潰」於復原期出現時，就好像瞬間回到兒時；舊日記憶放大了當下情況之嚴重性。這種「骨牌效應」導致內在「崩潰」的感覺。這種情況也被描述為「創傷後壓力失常」（post-traumatic stress disorder），通常稱為PTSD。《精神異常診斷和統計手冊》進一步解釋：

當事人會以下面一種或多種方式持續不斷經歷創傷性事件……碰到內在或外在象徵或類似創傷性事件暗示時發生的密集心理沮喪，以及……曝露於內在和外在象徵或類似創傷性事件暗示時發生的心理反應。

也就是說，女兒在某件事讓她回憶起兒時創傷時，就會感到崩潰。此時，女兒最可能向外尋求確認，並請某人讓她覺得好過一些，她的行為可能看起來有求於人。妳可以用不同的方式處理這個狀況——不需要以自身不足的姿態出現，而是到內在母親那裡尋求支持和安慰。

這些女兒們經常描述了「崩潰」的狀況，雖然她們並未直接使用這個名詞。

費妮茜蒂這麼說：我最近和一位客人坐在客廳時，對方說將請一位員工來取一張支票。我當時覺得這種舉動有點奇怪，不過還是表示沒問題。員工來了，我請她進到屋裡，給她一杯飲料，同時簡短聊了幾句。我們從來沒見過面。她大約十分鐘後離開，我送她到門口，表示很高興認識她。她回應道：「我也很高興認識妳，雖然妳有一些問題。」我當場愣住，這位根本不認識我的人竟然說出這麼不得體的話。我馬上知道這是因為她自己正有某種事不對勁。但我還是覺得好像挨了一記悶棍。而且不愉快的感覺還持續了一整天！博士，為什麼我會讓這個陌生人的唐突言語騷擾到這種地步呢？

就像以往跟母親在一起時一樣，費妮茜蒂想起自己曾經好多年設法做乖乖女、討人喜歡，做對的事、對人親切有禮，結果最後都被認為不夠好。這種骨牌效應——也就是「崩潰」——把費妮茜蒂帶回舊日傷心情境，但她處理的方法是告訴我、她的治療師和朋友。她在這個事件上向外尋求確認，最後學到自己處理類似這樣的情況，這就是復原。

現在妳既已清楚何謂崩潰，最好在它來臨時就有所準備。注意妳下週的反應：記下來究竟出現了幾次崩潰。妳逐漸增加的自覺將使妳更為堅強。妳自己將能夠作主了。

克麗絲托描述了另一種崩潰的時刻：

我經過朋友家，想看看她能不能在我出門買東西時幫我帶幾小時孩子。我們經常在這種事上彼此幫忙，一直都很順利。可是這一天貝絲這位朋友問我會離開多久，因為她要洗衣服。就是這樣。貝絲給了一個條件，問了一個簡單的問題。但是我立即解讀為她指責我是她的負擔、而她不想幫我。

在克麗絲托的案例中，朋友給的條件很合理，但她問的問題雖然並無不妥，卻觸及克麗絲托是母親負擔的舊傷，讓克麗絲托的壞心情持續了好幾天。

崩潰可能造成其他問題，以下是三十六歲瓊妮的例子：

那天是全家烤肉的日子。我和哥哥一組。我們經常這麼做，但那天他竟然對我說我胖了很多，屁股看來很大。他經常笑我想要看來很「肉感」，那是他形容臀部和身材好看的說法。但這天，他只說了一個字：「大！」我很受傷，跑去姐姐那裡告狀。姐姐說：「妳幹嘛讓他來煩妳？他只是個混蛋。誰會管別人說妳屁股怎麼樣？別再想了。」結果我不僅覺得哥哥傷了我，還氣姐姐不支持我、同情我。讓我最氣惱的則是自己竟然花了整整一星期思索這件事，而且這事還讓我想起以前成長發育時，母親經常對我體重所做的批評和侮辱。

瓊妮崩潰整星期的經驗很有趣。首先她感到受傷，然後是氣自己沒從痛苦中解脫出來。如果她強化了內在母親並向她諮詢，內在母親馬上就可以安慰她。但是瓊妮到前來接受治療之前，都沒有確認自己的感覺。當然設法得到外界支持是正確的作法，我們不時都會有這樣的需要。但是妳也可以藉由自助、也就是透過內在母親，而免去一個星期的糟糕感覺。

敏感的傢伙

自戀型母親的女兒們往往在家裡被稱為「敏感的傢伙」。她們厭倦了被告知自己對於別人的言語或行為反應過度。這些女兒們得努力把自己從過往負擔中解放出來。當妳知道任何短暫的崩潰都是起因於對個人歷史的反應，妳就會比較正常，不那麼抓狂了。當妳能認出且了解這個事實時，妳也就可以努力除去它，並防止它死灰復燃。否則妳可能會傾向怪罪自己竟然會受這類事攪擾而重演「妳是個敏感的傢伙」的老戲碼。

三十五歲的德狄娜告訴我：「一般而言，我家裡不能有感覺，每當我有某種情緒問題，就會被說是太敏感。那種說法通常會讓我閉嘴不講話，但我不知道如何處理那留在內心的感覺。」

四十二歲的梅洛蒂說：「我受夠了別人對我說我太敏感！任何時候只要我有一點點感覺出現，母親就會那樣說我。我知道，因為她無法處理我的感覺，所以她就不讓我展示我的感覺。現在當丈夫和孩子對我說同樣的話時，我只想給他們一拳。我想做個真實的人，保有自己的任何感覺，不再擔心。」

現在妳已經知道為什麼需要強化內在母親，並辨識出自己處於週期性情緒崩潰的風險中，這就是妳準備好開始重新啟動自己。在痛苦的前面幾章之後，本章剩下的部份應該會既有趣又令人愉快。接下來的練習，妳只需要妳自己和內在母親的認同，內在母親永遠站在妳這邊，不論任何狀況。我們不妨馬上開始，以便妳能發現自己的熱情和偏好所在，而這是之前「凡事都要看媽媽」時期被隱藏的。妳將會問自己類似以下的問題：

1. 我最看重什麼？
2. 什麼事令我感到快樂？
3. 什麼給我最深的成就感？
4. 我的熱忱和才智在哪方面？

我究竟是誰？

自戀型母親的女兒們由於被迫成為母親和家人要求的配角，因此這些女兒們若是說不知道自己究竟是誰或喜歡什麼，也不足為怪。他們已經習於為別人做事，而不用健康的方式關心自己。就像美伊對我說的：「我從媽媽那裡得來的訊息是，如果我照『她認為我應該』的方式做事，她就會愛我。現在我雖然設法做自己，但不知道自己是誰。」

要展開發現自己身份的旅程，重要的是知道妳喜歡和相信什麼。為了達到這個目的，我將建議兩個練習讓妳開始。

真實女人學院

這個練習雖然既不新穎又非首創，卻有助於女人們開始用不同的方法思考自己。要做這項練習，請找一個海報板或一張圖畫紙，以及幾份婦女雜誌。注意妳的選擇：這些形象代表妳真正的需要，還是妳母親或別人認為妳應該如此？妳需要剪下的形象和畫面，只有那些妳認為是正向成年婦女的象徵，或在妳可以表現自己時「真正的妳」和「理想中的妳」。妳若找到適合的形象，就將她們在紙上排成一個美術拼貼。留住這個作品，以便提醒妳重生或找到自己的進展。

我的價值是什麼？

這項練習可幫助你提醒自己所相信的東西與偏好。你會就自己的欲望和偏好做一個信念列表。接下來，我會給你一份我自己展開復原工作時使用的列表，你可以在上面加進你

練習

試試看，用不同的方式思考自己

- ☐ 1. 教育：妳對於自己和家庭應接受的教育信念和哲學。
- ☐ 2. 政治：妳的政治理念。
- ☐ 3. 宗教：妳的宗教或靈性信念。
- ☐ 4. 父母信仰系統：妳希望如何養育孩子，以及身為母親的優先次序是什麼？
- ☐ 5. 愛情關係：妳認為愛情關係中最重要的事情是什麼？
- ☐ 6. 男人：妳心目中的理想男人是誰？ 他有什麼特徵？
- ☐ 7. 朋友：妳會被哪種朋友吸引？
- ☐ 8. 電影：妳最喜歡哪一類電影？
- ☐ 9. 書籍：妳最喜歡的書籍是哪一類？
- ☐ 10. 珠寶：妳佩戴哪一類珠寶？
- ☐ 11. 時尚：什麼是妳的服裝風格？
- ☐ 12. 車子：如果妳可以買任何想要的車子，妳會買哪兩款？
- ☐ 13. 建築與房屋風格：妳喜歡哪種建築？
- ☐ 14. 家具：妳最喜歡哪種家具？
- ☐ 15. 寶石：妳最喜歡哪些寶石？
- ☐ 16. 氣候：妳最喜歡哪種氣候？
- ☐ 17. 地理：妳最喜歡的地理景觀是什麼？
- ☐ 18. 季節：妳最喜歡哪個季節？ 為什麼？
- ☐ 19. 聆聽的音樂：哪種音樂妳只要一聽就能得到樂趣？
- ☐ 20. 跳舞的音樂：妳喜歡隨著哪種音樂起舞？

☐ 21. 休閒活動：妳最喜歡哪種休閒活動？

☐ 22. 開懷大樂：哪種妳喜歡的活動會帶給妳純粹的愉悅？

☐ 23. 運動：妳平常最喜歡的運動是什麼？

☐ 24. 電視節目：妳喜歡看什麼電視節目？

☐ 25. 食物：妳最喜歡烹調和吃的食物是什麼？

☐ 26. 餐廳：妳外食時最喜歡去的餐廳是哪一家？

☐ 27. 購物場所：妳最喜歡的購物場所是哪裡？

☐ 28. 度假方式：怎樣是妳理想的渡假方式？

☐ 29. 參與運動競賽：如果要親自下場比賽，妳最喜歡哪項運動競賽？

☐ 30. 觀賞運動競賽：如果妳要觀賞運動競賽，妳最喜歡看哪一種？

☐ 31. 顏色：妳穿戴和裝飾家居時最喜歡選用什麼顏色？

☐ 32. 織品：妳的服裝和家飾最喜歡採買什麼質料的織品？

☐ 33. 花：妳最喜歡什麼花？

☐ 34. 對話：妳最喜歡哪類談話？ 談什麼？ 談話對象是誰？

☐ 35. 喜愛的年齡團體：妳最喜歡跟哪種年齡層的人相處？

想到的、希望專注的信念。這些類別將混合了無足輕重的事情和重大的、有意義的生活理念。每一類都需要由你寫下你的風格、偏好或信念。

妳可以繼續擴充這張表。做這件事的目的是透過妳的想法、願望、偏好、信念以及價值觀，書寫並思考妳自己。我們很少花時間停下生命腳步，問自己這些問題，妳會驚訝於自己已經擁有多少「自我」，以及真正了解自己多少。

如果我夠好

下一個練習，如果妳花了時間仔細思考，就可能對妳非常有用。請妳在日誌上方寫下標題〈如果我夠好〉，然後列出如果妳現在覺得自己夠好就會去做的事情。「如果我夠好，我會＿＿＿＿＿。」一直寫到至少十個為止。我自己每次做這個練習都有驚奇之感，因為我發現這個表年年會變。這也是一個很有用的、展示妳已除去負面內在訊息，而它們也不再控制妳個人選擇的方法。

做完這項練習後，把這張表唸給一個愛妳的人聽，聽聽此人的回饋。也讓妳的內在母親吸收這些訊息。然後就開始實行列在表上的事情。

在一項記憶練習中找到妳的興趣

當我問女性們的個人興趣，而對方回答不知道時，我就很擔心。如果妳的回答也一樣，我希望妳找個時間安靜一下，好好想想妳還是孩子時喜歡做什麼事。妳玩些什麼？有時候妳可以將童年的活動轉化為成年人的活動，恰好就配合妳現在的興趣。舉例而言，我想起自己七歲以前一家住在鄉下，那時我騎雪特蘭種的小馬。我非常喜歡馬匹和鄉下，但這些回憶也會讓我聯想起鄉村舞蹈和歌曲，於是我便參加這些活動。現在，這是我最喜歡的消遣。小時候我也喜歡玩紙娃娃，這項愛好現在轉化為對服飾和時尚的喜愛。

試試這種記憶練習，看看妳能得出什麼結果。

或許妳知道什麼事情妳會感興趣，但妳沒給自己足夠的時間進一步探索或經歷箇中樂趣。要觸及真正的自己，妳必須找回赤子之心，好好笑一笑，享受一段愉快時光。別再否定自己內在的這個核心了。找到什麼適合妳。讓自己得以享受休閒樂趣和我稱之為蹦蹦跳跳的歡樂。舉例而言，就我自己那兩項不同的休閒活動而言，我會去看一場壯麗的音樂劇，我會得到極大的樂趣；我也可能與一位很棒的舞者隨著我喜愛的音樂共舞，得到蹦蹦跳跳的歡樂。妳可能喜歡在野外攀岩三日，但妳的女性朋友可能寧可去一個五星級飯店渡假。

妳要找出什麼活動可以創造愉悅的感覺，什麼活動可以帶來無拘無束、笑到不行的樂趣。

當妳確實弄清楚了自己特別的興趣，就是規劃將這些活動融入日常生活的時候了。妳可能突然展開鋼琴課、舞蹈課或滑雪課。我有一名輔導客戶最近開始跳肚皮舞，喜歡得不得了——這是很棒的運動，讓她開懷大笑，非常開心。她在家裡練習時，丈夫也很喜歡。妳可能想要探索一些新的事情，但是沒有人能陪妳一起去。碰到這種情形，重要的是說服自己單獨去做。看電影、跳舞、爬山、走路，不管是什麼，一個人去做。就改善自我了解和自我依賴而言，與自己相處是很重要的。或許獨處似乎是一件奢侈的事，但我向妳保證，花在自己興趣上的時間對復原來說非常重要。

年齡不應該是問題。我現在就在幫助好幾個五十歲、六十歲、甚至七十歲的女士們開始做她們一直想做的事，她們都快樂得很呢。

請在日誌上保存這份妳挖掘出來的真實興趣。任何時候，當妳必須走過一些痛苦的歷程時，不妨回頭看看這份表單，從妳「正在復原過程中」的這個角度汲取鼓勵。復原工作是可以有趣好玩的，事實上也必須如此，所以一定要保持這部份。對自己好，是妳和內在母親可以定期做到的，別人幫不上忙。就開始這麼做吧！別誤以為照顧自己和讓自己開心是自私的行為。相反地，這是復原途中非常重要與必須做的事。

其實我們現在可以談談自私

許多復原途中的女兒們，已被母親和父權社會文化教導認為專注自身需要是自私的行為。女人是他人主要的「照顧者」，被要求任何時間都扮演施予者的角色。同時，自戀型母親的女兒又被認為不配得到關愛。記住，妳無法提供自己沒有的東西。那些不虞匱乏的人有滿溢的愛和能量，足以自由自在地對別人做出貢獻而不讓自己累垮。她們既有豐沛而時時補貨的庫存量，又有多餘的能量分給別人。如果妳的精神和能量長期耗損，如果妳不快樂、不滿足，妳會發現很難照顧別人。教練大學（Coach University）創辦人兼私人教練湯瑪斯・李奧納多（Thomas J. Leonard）說得最好：

創造和表現卓越都需要不自私。進化也是一樣。當你知道自己即將發現什麼時——任何可能的突破，你需要最單純的聚焦和專注。在回應外界召喚之前，妳需要回應自身心智的呼喚。妳需要接受合理且負責任的自私能為你關心的每個人建立長期的福祉。

身體健康

我雖然不是醫生，但本章如果沒提到健康的重要性就不算完整。因為有些女兒們有自殘和自我傷害的風險，我希望妳們完全同意，顧好自己的健康是非做不可的事。如果身體不健康，就不可能有穩定的精神狀態，而復原工作也不可能完成。如果妳沒做下面這張表上的任何一項或多項事情，問妳自己為什麼，找出障礙點並加以克服。如果妳目前正與上癮之類的某件事對抗，將它找出來並加入額外的復原計劃，以便得到必要的幫助。下面這張表是我跟家庭醫生詹姆士・葛萊格里（James Gregory, M.D.）請教後編撰而成的。

1. 做一個包括詳細身體健康史的完整健康檢查，並規劃一個個人健康計劃，包含跟妳年齡相關的一般測試。舉例而言，五十歲之後的腫瘤測試，以及六十歲以後的骨質測試。
2. 維持均衡營養的飲食。
3. 喝大量的水（每天四十八盎司，用八盎司的杯子）。
4. 有規律的運動，每次至少三十分鐘，一週至少三次。舉例而言，舉重有助於維持骨質密度，有氧運動有助於整體健康。

5. 定期檢查牙齒，一年洗牙兩次。

6. 給自己充分的夜間睡眠。睡眠時間長度因人而異，但現在大多數醫生建議每晚七到八小時。如果妳很累，表示妳需要更多睡眠時間；如果妳白天活力充沛，這樣的時間應該就夠了。

7. 注意飲食過量。吃得太多、吸煙、使用藥物及酗酒，長期而言當然有損健康。

找出天賦

下面要談的是妳的天賦。我們全都生來具有某種天賦。妳要做的就是弄清楚那個天賦是什麼，而如果妳願意，就將這個天賦發揚光大。我曾經跟許多自戀型母親的女兒們討論過，她們在某方面資質過人，卻從未進一步挖掘，因為她們不相信自己。有些女兒們很清楚自己的天賦，因為母親會為了炫耀而督促她們學習，而她們已耗盡能量，以致於沒有為自己運用她們知道或能做的才藝。其他人則是從未受到鼓勵。

如果妳具有特別的天賦，也想施展出來，就繼續探索它，不斷嘗試。完成必要的哀悼，治療所有與母親有關的、阻礙妳追求天賦的回憶，跟這個天賦再度連結上，重新發展它。

生命短暫，上天給妳這個天賦必有原因。妳用不著成為超級巨星，不論做什麼都可以。這個練習不是給所有人，只是給妳！我曾協助過一位很有天份的藝術家。她不想繪畫去賣、或成立自己的畫廊，但她確實想運用這份天賦，最後她成為住家附近學校藝術課的義務老師。另一個女兒歌聲美麗動人，後來開始在教會的詩班獻唱。在運用天賦的方式上，妳可以很有創意。現在就讓妳整個人發揮作用吧。

探索妳的熱情

不是每個人都有某種熱情，但是如果妳有，別讓生命逕自溜走而沒至少嘗試一下那帶給妳悸動及人生意義的事。妳一定要探索那令妳的靈魂悸動的東西。妳不需要成為某件事的專家，但若是妳想要做到最好，就努力去做，這是妳的選擇。妳絕對好到有能力嘗試任何妳想做的事。在人生旅途上，現在是妳自己掌握著方向盤。

我的熱情落在舞蹈上。我偶爾為之已經多年，只要時間方便我就會去跳舞。我計劃完成這本書以後要去探索自己能跳的各種舞蹈。這項嗜好將使我退休後能做最喜歡的事。我希望妳也有這樣的嗜好。

現在，請坐在日誌面前，寫下每一件給妳帶來生命力量和興奮的事情。妳最深沉的個人興趣和欲望是什麼？即使妳覺得沒有什麼熱愛的活動，也要讓自己親近一項。妳的熱情可能在某件有社會意義的事情上，某件嘉惠別人的事，或者也可能只對妳有益——也許是妳喜歡收集、閱讀、烹調、跑步、縫紉、素描、拼布、爬山、健行——什麼都行。

但願藉由本章提供的練習，妳現在能進一步回答之前問過的一些問題：

1. 我最看重什麼？
2. 什麼事令我感到快樂？
3. 什麼給我最深層的成就感？
4. 我的熱忱與天賦在哪裡？

妳已經學到了強化內在母親以便建立自信，也更能自立，現在又知道了如何處理「崩潰」，並超越這些障礙。我希望妳能對自己有更正向的感覺，也能理解下面艾咪說的話：

「我的經驗和性格是上天給的禮物。我現在是一個搞怪的女孩，卻也是一個很正面的人。我的生活是自己的選擇，我為自己的行為負責。」

我的輔導對象邦妮說：

「我一向無法愛自己；我的腦袋和心是分開的。現在我能感覺到那種對自己的愛，我終於成了一個自由的女人！」

妳也一樣取得了建立新內在力量的技巧。我們接下來要做的，是用一種嶄新、健康的方法管理妳與現實生活中母親的關係。

Chapte 13
療癒過程中，妳該如何與母親相處？

她們的母親可能早已不在人世，或已經白髮蒼蒼、年老力衰，卻仍然緊緊抓住女兒。女兒們談到母親時好像自己馬上就會被叫過去。那些小老太太的恐怖王國究竟是怎麼建立的？

——維多利亞·塞昆達（Victoria Secunda），《當妳和母親不能做朋友時》（When You and Your Mother Can't Be Friends）

妳已經有很多足以自豪的理由，其中不應忽視的是——所有已完成的自我療癒功課。現在我們來看看，如何因應依然在以某種方式介入妳生活的母親。妳已經改變，她卻沒有。在目前這個復原階段，妳必須探索能維持自身正常並處理母女關係的方法。

即使妳覺得自己較以往堅強，對於自己的身份意識也堅定得多，但在考慮如何與母親互動時可能還是會慌張。妳或許會問自己以下的問題：「我要怎麼跟她說？」「她能改嗎？」「我怎麼跟她溝通？」「即使對我極端困難和痛苦，我也應該繼續跟她保持聯繫嗎？」許多女兒們在跟自戀型母親溝通時，試過各式各樣防止大禍發生的方法。她們經常會碰到阻礙、問題，以及挫折。

維琴尼亞一直在嘗試，儘管內心充滿矛盾。她目前的策略是看到問題就處理，希望這樣做有助改善問題。「我經常跟她對抗。現在跟她的衝突比以前多得多。我不在乎她說什麼，對她的批評也更多。我叫她騙子。我也還存有或許自己可以改善情況的希望。如果我給她足夠的證據，也許可以推倒她。或許我能幫她。現在我完全不確定最後結果將是如何。」

娜基亞不想改變跟母親互動的方式。「我這輩子大部份時間都在對付這個問題，她從來就沒有改善。我不打算發起『重大衝突』，因為她已經八十三歲，我不想破壞她的餘年。我們過去十五年有限的關係一直都是圍繞著她轉——那似乎是唯一的方式。」

貝兒瓦幾乎不抱任何希望。「她總是吊我胃口，喜歡把我激怒。看我洩氣讓她既快樂又有勁。她的作法讓我筋疲力盡，內心空虛，我也不覺得有解決之道。」

泰蕊回憶道：「有時候我會非常害怕跟她講電話。我必須先做好心理建設才能做這件事。有時候得喝一杯酒壯膽！我從不知她會冒出什麼話。我的意思是，她連樹都可以批評！總是沒好話。」

我將在本章裡提出一些如何處理這些困難情況的建議。想找出一條跟自戀型母親正常相處的途徑，有可能充滿挫折。這是一個很重要的掙扎，似乎讓很多女兒都覺得無望、無助和痛苦。妳能怎樣做呢？

無法治療的部份

如果你母親擁有完整的自戀型人格（NPD），有效治好她或改變她的機率微乎其微。雖然我永遠不會說這事不可能，但確實需要密集、長期、鍥而不捨的治療，以及最重要的是她想接受治療的渴望。有真正自戀型人格的人幾乎不可能自己尋求治療，或打從心底希望讓自己改變與成長。就我的經驗而言，自戀型人格者之所以尋求治療，其實是想找到與別人相處的方法。如果她們表示想改變自己，卻往往很快就停止治療，且通常會說她們需要找一個做法不一樣的治療師。一般而言，她們眼神流露的訊息是：我這個治療師有問題。

我最喜歡說的故事發生在數年前，我的診療費還是一次一百美元時。就在我向這位求診者解釋良好母女關係如何建立時。這位頗有攻擊性的母親開始瘋狂地翻動手提袋。她抽出一張百元大鈔和一個打火機，然後將紙鈔點燃，說：「這就是我怎麼看待妳的治療忠告！」我忍不住大笑。感謝上天，那位女兒和我一起將火撲滅，迅速結束了一次糟糕的母女諮商。

妳母親符合越多自戀型人格的特徵，就越不可能成功接受治療。也就是說，妳不可能改正她，也不應該嘗試這麼做。既然她不會改，妳接下來或許需要自問：是否應該繼續跟她聯絡？尤其是如果她的行為會帶給妳顯著的情緒壓力。

有毒的母親

我們必須承認，接近自戀型母親可能會中毒。很多時候，女兒們必須選擇完全離開母親，因為毒性危害了她們的情緒健康。妳認識的人可能無法了解這種狀況，但這是妳為了自身精神健康必須做的決定。

雀莉絲表示：「我知道母親有一個受傷害的童年，因而學到要理解母親，但現在我選擇不跟她有任何瓜葛。」

曼蒂說：「大約六個月前，我最後一次企圖在情感上親近母親，但是失敗了。我覺得很難過，因為我真的相信人際關係的自然次序，而擁有正常的母女關係會很美好，但我跟母親之間不會有這種情況，而我也已接受現實了。」

六十歲的安托麗特說：「母親在世的最後十年我沒跟她說過話。我就是無法繼續跟她交談。我已經嘗試多年讓她愛我，並設法轉圜每一件事。真是可悲。她去世的消息是警長告訴我的。我們過去收拾屋子，在櫃子上發現一張紙條，寫著她原諒我們對她那麼殘忍。大家把她的骨灰罐給我，我只把它放在車上，連放到家裡都辦不到。我把車賣了，忘了取走骨灰。接下來很詭異的是，我打電話給買車的人，請他們幫我扔掉留在車上的骨灰。人們在知道我始終沒跟她和好時總是嚇一跳，但他們其實不了解她究竟是怎樣的人。」

這種令人感到悲哀的極端例子其實並不少見。我認識許多女兒在自戀型母親去世時大大鬆了一口氣，她們覺得如釋重負，但在承認這一點時會有罪惡感。

如果妳的母親確實無法改變，而妳覺得自己經常受她虐待，很重要的一點就是知道跟她斷絕來往是合理的。不過，在妳決定這麼做時，請確定已完成自己的復原工作。如果妳只是脫離母親而未做好自己的功課，妳將無法除去痛苦，而妳真正的自我也無法進入妳嚮往的寧靜。正如莫瑞・鮑文博士（Dr.Murray Bowen）在《臨床家庭治療》（*Family Therapy in Clinical Practice*）中提醒我們的：「比較難改變的人被情緒壓力左右。較容易作出改變的人比較不會受制於壓力。」

幸好並非全部有自戀型傾向的母親都無藥可救。女兒們確實會選擇待在有改變可能的母親身旁，建立一種不同的互動方式。我稱此為「相敬如賓的關係」。

相敬如賓的關係

在相敬如賓的關係裡，自戀型母親的女兒們藉著減少接觸來改變與母親互動的方式。彼此聯絡時，這些女兒們會保持一種平淡、文明、有禮的氛圍，不作任何拉近情感的嘗試。對那些不想完全放棄母親、卻已接受母親無法盡責的女兒們來說，這是很好的選項。

女兒與母親接觸時不帶任何期望，當然也就沒有失望之苦。這種安排在妳完成復原工作後效果最好，因為這時妳已接受母親的局限且已恰當地脫離了她的影響。若未恰當地在情緒上與她分開，妳就冒了被拉回自戀型家庭互動的風險。前面的第十一章已經談過，妳與母親保持距離的目標是能夠「既歸屬又遠離」母親及原生家庭。這就是說，妳已在自己周圍發展出穩固的疆界。對某些正在進行復原工作，卻不覺得堅強到足以接近母親的女兒們而言，我建議採取暫時分離的作法。

暫時分離

既然你的母親對此不會太高興，但對妳而言，進行復原工作期間找個空檔，離開她一段時間是有益的。這種做法使妳有時間治療與處理自己的感覺，而不致於經常被她的行為攪擾。妳可以坦然告訴母親，妳正在對付一些自己的問題，暫時需要一些個人空間。妳可以告訴她，如果出現需要讓她知道的緊急狀況，妳會跟她聯絡，同樣地，如果她有什麼緊急事情要妳知道，她也可以跟妳聯絡。她或許會大發雷霆。不過那沒關係，妳已經向她說明，就可以接著做。如果她不讓妳獨處，妳就必須學習跟她之間定出界限。這方面我們下面會談。現在主宰生活的是妳，不是母親。她可能增加籌碼，像下面故事中的女人們嘗試某種操縱策略，但妳必須堅守陣地。妳的復原工作這一刻正面臨風險。

四十六歲的蜜凱拉說：「我經常會從母親身邊抽身，但她會找到方法指使我幫她做非做不可的事。這種情況毫無止境地攪擾我。如果我不回她電話，她就會不斷打來，簡直就像在跟蹤我！」

三十八歲的米娜悲傷地敘述她的情況：「大約兩年前，我得知自戀型性格這種事，了解到經過一輩子的屈辱後，她才是有問題的那位。從那時起，我一直去看她，但只花有限的時間跟她相處，當然也安排了一些分開的時候以及早就該定下的界限。但從那以後她變本加厲，似乎了解不能再控制我。這整件事讓我難受得想吐。」

妳需要知道如何跟母親設定界限，如何鞏固此界限，以及如何堅持下去。

跟母親設定界限

設定界限的意思是：清楚說明什麼事妳會做，什麼事不會做。這能讓別人知道妳的立場，以及妳立下的、別人不能越過的界線。這就是限度。許多人通常害怕設定界限，因為他們擔心別人的感覺。「如果我定下界限，媽媽就會傷心。」女兒們也害怕設立界限，因為怕媽媽發脾氣。「如果我告訴她，因為需要休息和照顧自己而不去吃晚飯，她一定大為火冒三丈。」

女兒們不為自己設下良好界限還有一個很普通的原因，就是她們害怕被拋棄。「如果我要她收斂一點，她就會永遠不跟我講話，我不要完全失去母親。我看過她跟別人鬧僵後從此不相往來。她也可能用同樣方式對我。」

自戀型性格的人由於具有看別人非白即黑的膚淺情緒形態，通常會跟別人鬧僵而不相往來。妳如果看過母親這樣做，自然會害怕被母親拋棄。但是妳必須從實際角度評量此事。她如果已經在情感上拋棄了妳，其實並沒有其他力量會對妳造成同樣或類似的災難。

三十六歲的簡樂麗說明何以無法跟母親設定界限。「她會發瘋，絕不原諒我，動員整個家庭跟我作對，把我從遺囑中除名。我需要一些遺產，我的孩子也理當得到。」這是只有妳才能做的決定。但總的來說，請好好思考妳自己的精神健康和神智清醒的價值，遠大於那未必會到妳手中的錢財。學到如何為妳自己設定界限是一個管理妳生活、時間，以及健康的方法。這是正常生活的必需品。

因此，我們假設妳現在已經設下了與母親相處的界限，並告訴她，妳會有一陣子不去看她，因為妳需要專注在自己的心理治療問題。妳對她這麼說：「媽媽，我正在處理一些個人的問題，必須告訴妳有一陣子無法持續我們的週日晚餐。我需要一些空間，不會打電話給妳。等我做完這件事，就會讓妳知道。這段期間我希望妳不要打電話來，除非是非常緊急的事。我不是在生氣，這也不是妳的問題。這跟我現在的需要有關。」

妳母親可能會很合理地問妳有沒有問題，妳可以回答說妳很好，並再次向她保證妳沒有跟她生氣。如果她真是自戀者，她會假設此事跟她有關，因此我知道妳現在在想什麼。天啊，這樣做行不通！但我告訴妳，只要堅持下去，確實行得通的。她可能確實想要控制局面，於是打電話、甚至上門。妳要做的是堅持設定界限，也就是一旦已經對她說出口，就不回應。她按門鈴，妳不去開門。她打電話給妳，妳不接。她亦步亦趨，妳再次用堅定的口吻告訴她妳很認真。她決定如何處理這個局面是她的問題，不是妳的。妳不必負責她的感覺。讓界限屹立不搖的方法就是妳堅守立場！妳的態度可以很好，溫柔地提醒她，妳會在情況允許的時候跟她聯絡。

妳開始設定自在的界限時，會發現最好在許多問題和狀況上都與母親劃清界限。我們且來做一些練習，以便在妳碰到麻煩時能夠有所參考。

母親說：「寶貝，妳的屋子裡看來灰塵太多。看看那張餐桌。我知道妳是職業婦女，但是妳的家人需要一間乾淨衛生的屋子。」

妳可以說：「媽媽，這是我的屋子。我對於自己清理屋子的結果很滿意。謝謝妳關心，不過如果我家裡的人發現有問題，我們會處理。」

妳母親說：「寶貝，我給妳帶了一些減肥藥丸來，因為我注意到妳最近胖了一些。我做了很多研究，這些是我能找到最好的了。」

妳可以說：「媽媽，如果我認為自己的體重有問題，我會跟醫生討論的。」

妳母親說：「每次我看到外孫女，她的頭髮總是亂得像老鼠窩。妳小時候，我從來不會沒把妳打扮得漂漂亮亮就讓妳出去。難道妳不關心自己女兒的外表嗎？」

妳可以說：「媽媽，我以女兒和她長成的模樣自豪，我不擔心她今天頭髮看起來的樣子。」

妳母親說：「我需要妳每天打電話來看看我怎麼了。我可能心臟病發作而妳不知道，我會躺在那裡痛苦不堪……別人會怎麼想？」

妳可以說：「媽媽，如果妳擔心這個，有一個很好的解決方法。有一種警報器可以帶在身上。如果有緊急狀況需要就醫，這個東西會自動撥打一一九。」

妳母親說：「我難以想像妳竟然真的在辦離婚。妳究竟怎麼把這個婚姻搞砸的？我要怎麼跟家裡的人解釋這件事？」

妳可以說：「我的感情關係由我自己決定。妳不挺我又不幫我，實在很傷人。」

妳母親說：「妳什麼意思？妳不來我這裡過感恩節？妳知道我為這個家做飯有多辛苦嗎？妳知道我們總是在我這裡過感恩節。妳怎麼能這樣對我？」

妳可以說：「媽媽，我現在已經結婚了。我也想跟先生的家人相處。過節的方式有的時候會有些不一樣。」

設定界限會讓妳在很多情況都感到自在，特別是妳有一個愛介入妳生活的母親時。做這件事需要練習和節制，但是不要用敵對的態度回應母親。定下界限，如果她不尊重這個界限，妳就離開。妳可以客氣有禮地設定正常的界限，用不著生氣、憤怒，或採取防禦立場。

妳所做的是為自己的需要和感覺而陳述理由，然後劃出界限。有時候需要說清楚妳不同意的事情，不要起爭執，只要一而再、再而三地說明界限，直到母親接受妳的立場為止。

還有一個與母親互動的策略，就是：或許母女倆可以一起接受治療。

帶母親去治療

當我問就診者們「會不會跟媽媽一起做治療，討論母女問題？」時，大多數人都會笑出聲來，甚至稍微嘲弄一番。母親的自戀特質越深厚，就越不可能跟女兒一起參加一個探討彼此關係中個人感覺的心理治療。自戀者很難、有時候也不可能感受到自己的感覺。她通常是將自己的情緒投射到別人身上，無法觸及自己內在以整理感覺並感受它們。別忘了，妳不可能治癒感覺不到的事，因此自戀型母親通常比較會遠離自己的內在情緒。如果妳母親從未處理過感覺，或有過屬於自己的問題，心理治療只是浪費時間而已。許多母親在議題涉及自己的錯誤行為或對女兒造成傷害時會中止治療。極端的自戀型人格者在治療過程中或在治療師面前會責備女兒，這其實並不奇怪。

這種狀況置妳於恐怖之地，妳渴望跟母親建立正常關係，並願意投入努力，但母親則拒絕需要幫助的這個概念。

三十歲的羅珊妮告訴我：「我無法讓母親跟我一起來治療。但是我在治療期間曾打電話告訴她。她像個抓狂的怪物！她全盤否認。我想從她那裡聽到的只不過是一句『對不起』，而她的反應竟然是泣不成聲，說自己生了一個可怕的女兒……哭。犧牲者。沒有同理心。我再也不會邀她來治療了。」

莫妮卡的母親設法跟她一起接受治療，但她在治療途中處處刁難，並且責備莫妮卡，同時又擔心自己的母親形象受損。「跟母親同去治療是一段難忘之旅！她會去，但簡直就是災難。她變得防衛心超重，我講的話她連一句也沒聽進去，因為她太在乎自己，以及在治療師眼中的形象。」

許多時候，自戀型人格特徵較少的母親會願意敞開心胸學習和成長。就這些母親來說，母女之間不論在治療中或離開診療室後，都有療癒的可能。大多數女兒直覺上知道母親是否可能參加治療，她們可用以往企圖與母親討論彼此溝通的感覺和困難的互動經驗而推測。即使母親們普遍難以應付這件事，但有些人會仔細檢討自己，決定要跟女兒一起學習處理這個重要的關係。

潔達今年六十二歲。她承認自己有一些自戀傾向，而她母親則有嚴重的自戀型性格。她之前跟現已去世母親的情緒關係極其痛苦，而母親對她情緒的影響如今更勝以往。潔達能看出她生命中的負面影響，以及這些影響已經如何影響了自己扮演母親的角色。她真心希望與三個女兒一起努力療癒彼此關係。不幸的是，女兒們因為受傷太深和太悲傷而不想嘗試，因此這項母女療程還未開始。

我是個永遠都懷抱希望的人，認為終有一天會看到母女相伴而來。有時候女兒們要先處理好自己的復原工作，才能準備好面對母親和治療中一切心理負擔。女兒們還年輕，也還有一些個人的問題要對付，但她們善良可愛，長久而言，我對她們充滿信心。

在是否與母親一起接受治療的決定上，時機至關重要。有時候時機不對，比較有效的做法就是等到所有相關人等都準備好再說。潔達這位母親能夠退後一步，自己先進行復原工作，並會跟女兒談談世代問題。這種情況是我所罕見的，我不斷告訴她這麼做很了不起，以及我很以她為傲。

如果妳確實開始了母女療程，而妳母親態度不佳或冷漠以對，並將所有的事都怪到妳頭上，我建議妳停止這個療程，單獨跟治療師討論，請教跟母親一起治療還是分開治療的效果好。妳的治療師在這段復原過程中應該是妳的盟友，會幫助妳。妳的療程不應該讓母親有機會將已大量施加於妳的侮慢和譴責永垂不朽。如果妳強烈感到自己不想與母親繼續療程，而治療師不同意，妳就需要花一些時間好好思考妳的決定。最後，妳要相信自己在「時機是否恰當？」這方面的直覺。

有哪些妳個人療程的部份要告訴母親？

本書是我提供求診者復原的步驟，讓妳能夠自己進行這樣的計劃。也就是說，這段時間跟治療師一對一來進行復原工作，對妳也可能極為有益。如果妳打算進行復原工作，請記住，妳自己要決定是否告訴母親妳接受治療這件事。治療一事涉及隱私是有道理的，除非妳想說出來，別人不需要知道妳在接受治療，包括母親。

如果妳決定告訴她，就應該也想好要跟她分享多少。妳或許選擇告訴她妳正在治療，但不打算跟她分享這項私人經驗。如果她逼問，就溫柔地設定界限。如果還是行不通，就更堅定地設立界限。以下是一個例子。

溫柔的界限：「母親，我謝謝妳關心我接受治療，我也準備好要跟妳討論這件事。但是現在我還有一些困惑，也正在設法了解自己，我想等我有一點進步再清楚而適當地跟妳討論。如果妳能理解，我會非常感激。」

堅定的界限：「我必須跟妳說清楚。接受治療這件事是我的隱私，我不打算跟任何人討論。這個療程是設計成幫我解決一些我生命當下正經歷的問題。請不要問我這件事，因為我不想跟妳分享相關訊息。」

妳可在這些界限前面加上：「我關心妳和妳的感覺」或「我愛妳，媽媽，但是⋯⋯」。如果母親表現出受傷害的樣子或發起脾氣來，她必須處理自己的感覺，妳沒有改善她感覺的義務。離開現場，讓她處理問題——有問題的人確實也是她。

記住，定下界限不是卑鄙的事，就照顧妳自己而言，這是有益的作法。一般而言，我們做女兒的都知道這個事實，但因為母親善於讓我們有罪惡感，有時候很難實行。妳自己要記住，妳不會「創造」出別人的感覺。每個人要為自己的感覺和反應負責，也因此要靠自己來解決這方面的問題。

真正的工作在內在

我確信最後妳自己也會發現，妳復原以後跟母親互動會變得簡單得多。這種改變有很多原因：妳對於她的期望不再那麼順服；妳能夠建立清楚的界限；而且因為妳已經接受她有局限這個事實，妳就不會對她期望太多。不管妳是否跟她完全分開，即使只有短暫的分隔或相敬如賓的關係，妳的成功都由內在的療癒程度來決定。

如果母親已不在人世呢？

如果母親已經過世，前面某些練習妳就不必做了。不過，妳還是必須完成內在的療癒。

我治療過許多女兒，雖然母親已經去世，但她們終其一生都一直有母親留下的問題。負面惱人的訊息黏著不放，直到妳在內心有意識地鬆開並釋出這些訊息。要擁有心理健康，進行復原工作是必要的。

接下來，我們就設法更進一步了解母親和她的背景。

了解母親的掩飾

大多數女兒都是施予型的，因此不太容易要自戀型母親的女兒們找時間了解母親的背景、出身，以及她何以發展出日後的性格。做這番工作不會讓她免於負責、減少妳自己的痛苦，或讓妳的傷痕迅速消失。不過，妳並不是在重覆「唯母命是從」的情況。但這個練習可幫助妳穩定內心，讓妳得以看到問題的各個面向。

讓我們利用類比法，想想我正使用一張複雜的地形圖健行或爬山。我知道自己必須從山下開始，逐漸往山上去。我想像自己途中會遇到許多需要克服的阻礙。如果我可以搭乘直升機或利用一張很好的地圖，從一個宏觀的角度預先看到即將挑戰的目標，就會讓上山這個行動準備得更好。地圖或俯瞰不會減少我旅途的苦難或努力，只會有助於我的整體規劃和最後的成功。

如果妳能更了解母親的過往，也有同樣的功效。這項練習要幫助的是「妳」。

因此，一開始請設法了解妳母親是否有一位自戀型的母親或父親。很可能她有。妳可以用本書中界定的一些自戀型特徵詢問她父母的性格。許多自戀型母親只要不涉及她的行為，都很願意談論自己的背景。舉例而言，我父母就能提供關於他們父母很鮮明的行為例證。我們有一段非常生動、愉快的討論，雖然非常短，但總比沒有好。我因而可以從這段談話內容追溯出一些家庭傳承，並用其解釋一些我與祖父母輩的相處經驗。

接下來妳可以向親戚打聽。阿姨嬸嬸、叔叔伯伯舅舅，以及堂表兄弟姐妹們是最好的訊息來源。有時候，當自戀型的配偶去世後，家人會更樂意分享想法和回憶。

當然，許多家庭裡都無法產生這些討論。如果妳的家人不認可這樣做，妳會知道。那就算了。如果妳知道不會成功，就不需要自找麻煩，平添事端。相信直覺。我知道有些女兒們在親戚中慫恿此事，而在結果不如預期時就很自責。我不希望這種情形發生在妳身上。

其他訊息來源包括認識妳父母和祖父母輩的家庭友人。雖然不常見，但這年頭確實還是有一些家庭仍然住在當初整個大家族成長的鄉鎮或城市裡。

如果妳無法取得自戀型性格的確切特質，可以問母親成長過程的一般性問題。這些問題包括：

1. 妳的童年快樂嗎？
2. 妳覺得父母愛妳嗎？
3. 妳覺得成長期間收到足夠關心嗎？
4. 父母跟妳討論過感覺嗎？
5. 有人傾聽過妳説話，而妳覺得別人有聽進去嗎？
6. 父母對妳生氣時，妳受到怎樣的管教？
7. 妳被鼓勵發展獨立人格，還是必須依照家人期待的形象塑造自己？
8. 妳的父母特別在意別人的想法嗎？

妳知道母親的背景越多，就越能了解她和她何以有那樣的行為。她非常可能就是個沒有母親照顧的孩子，出身背景裡存在著重大的創傷。

不過，妳在試圖取得進一步資料時，可能會覺得自己正在挖掘黑暗面。請做好心理準備，母親可能會否認很多童年往事。雖然母親很可能不會是最好的消息來源，但不妨看看她願意分享什麼。接受任何拿得到的訊息。

也請考慮到，母親對妳的撫育可能受到她所處世代和時代的影響——每位母親的為母之道都受到非常多因素的影響。

歷史回顧

我們的性格很明顯地由社會價值和父母期望所型塑。每個世代似乎各自服膺一套育兒哲學和信念，因此可能與下個世代的育兒觀點起衝突。請看以下由「世代：互相合作」（*Generations: Working Together*）組織出版的同名書描述的出生世代別。我列出我所傳承的女性世代作為例證。妳可以做同樣的表列，建立觀察妳自己家族的一些角度。

多年來養兒育女的想法已從「不打不成器」和「只要看見小孩就好，不用聽他們說什麼」，過渡到嬰兒潮父母

世代	出生年	例證
偉大世代（The GI Generation）	1901-1923	我外婆
沉默世代（The Silent Generation）	1924-1945	我母親
嬰兒潮世代（The Baby Boom Generation）	1946-1964	我
X 世代（Generation X）	1965-1980	我女兒
千禧年世代（The Millennial Generation）（或稱 Y 世代 Y Generation）	1981-2002	我外孫女

們努力建立孩子的自信，而不要求他們在學業和社交能力上高人一等。那是驚天動地的改變。

許多人會問：「究竟怎樣才是養育孩子的正確方法？」

嬰兒潮的母親們從待在家裡做餅乾、永遠待命的賢妻良母，轉變到受過高等教育、在家庭之外有職業生涯的母親。舉例而言，我生大女兒時對於婦女的普遍概念正在進行文化大革命。母親們成立女權主義者，參加平權遊行，開始了職業生涯。家庭結構改變了：離婚、鑰匙兒童、單親家庭和托兒所變得常見，這卻是上一個世代不熟悉的。我自己的女兒有天在盛怒下稱我為「家庭離婚者」，弦外之音就是，現在已不再適合稱呼我為「家庭主婦」。

嬰兒潮母親們努力讓女兒可以享有較好的教育和醫療服務，以及在入學與求職上都不受歧視。她們創造了女性以往不曾擁有的生活條件，但是有些X世代的女兒們相信，當母親這樣做時，家庭生活品質受損，母親對於女兒的重視，比不上力拼自己的職涯。

這種矛盾需要母女之間謹慎敏感的溝通。但母親對於發展自己和追求職涯成功所展現的企圖跟自戀者不一樣，除非母親確實展示出自戀特質。同時，嬰兒潮母親們需要認識X世代女兒的感覺，了解後者可能與本書提及的女兒們類似。了解、同理心，以及溝通，是解決問題的關鍵。

不論何種情況，我們的母親和外祖母們受到自身文化、社會，以及歷史因素的影響，大多數時間不知如何做個傑出母親，這點並不奇怪。我們可以說，她們之中很多人是按著自己被養育的方式來養育下一代。能從歷史角度來看這個問題，多少有助於理解母系態度何以出現世代差異，以及何以易受傷害的女孩們最終自己也成為自戀型母親。

雖然這樣說，但我提供的不是藉口，而是進一步了解的根據。我確實相信，任何世代宣稱的優良母親條件，都是要有能力提供子女真實的關愛和理解，以及身體和情緒的照顧。這跟歷史環境無關。

在我們具備了對母親歷史的理解後，接下來就可以檢視複雜的「寬恕」概念。

寬恕

「寬恕」這個詞意義豐富，誤解也很多。許多女兒從小就被告知，好女孩要寬恕別人，不追究別人的過錯。意思很清楚，就是我們被期待要原諒那些傷害我們的人，因為那才是正確的作法。

雖然我確實相信寬恕有其正確性和重要性，也有一些情緒上的益處，但我還有另外的想法。當我們看得出對方犯錯不是有意傷害我們時，寬恕是正向且有療癒效果的。但我們若試圖否認自己感受到的痛苦，那麼寬恕就毫無意義了。事實上，如果我們不面對自己受害，以及對方無論有意或無意都可能再犯的現實，就等於為自己預設進一步受傷的結果。

許多人誤以為寬恕是設法接受最初的冒犯行為，彷彿是說可以容忍那種行為。但我相信「負責任的態度」對於心理健康很重要。因此我建議妳只原諒那些對自己行為負責、已坦白認錯、了解自己犯錯，並真正後悔的人。聽起來可能是苛責，也沒有多少母親有這樣的表現，因此我不主張原諒她們之中的大部份人。

不過，為了妳自己好，我倒要勸妳練習釋懷。自戀型母親的女兒長久不受關愛，許多人受到身體虐待、性虐待，以及精神虐待。我們不原諒壞母親，不原諒忽視子女的基本需要和權利。但妳實在必須放下心底的過往，這樣作為女兒的妳也才能讓怨氣、憤怒和悲傷離開。妳必須為了驅逐這些負面情緒的目的而採取原諒的態度，才能好好度過未來。

哀悼過程的第一步讓自己完成放手，然後妳的內在感覺就會趨向平和，再也不會有那些與母親相關的緊繃情緒。這種平和使妳保持放下的感覺，妳也就彷彿感覺到內心的寬恕。這是妳給自己的禮物。就像我的輔導對象坎娜所說：

「雖然我再也無法跟母親討論情緒，因為她很容易在最後一刻爆發。但我現在能夠對她說我愛她。好笑的是，她竟然沒注意到我以前從沒說過。我現在知道這個復原工作和寬恕的行為都是為了我自己。我覺得很好。」

這種寬恕是一種對母親的了解，使妳能夠超越過往那個悲傷受害孩子的感覺而成長。這種寬恕會讓妳覺得自己像個成人。路易斯・司梅迪（Lewis Smedes）在著作《羞辱和恩慈：療癒我們不該得到的羞辱》（*Shame and Grace: Healing the Shame We Don't Deserve*）中這樣說：

> 被寬恕療癒的第一個人、而且往往是唯一的一個人，就是願意寬恕的那個人……我們真誠寬恕別人時，等於解放了一個囚犯，然後發現那個被我們釋放的囚犯就是自己。

我的寬恕理論和作法不是這方面的唯一選項。許多女兒們發現，從宗教或心靈背景來幫助自己寬恕也很有用。「十二步驟戒癮計劃」鼓吹，真正的寬恕是妳能夠祝福傷害妳的人，並祈禱對方心想事成。他們也進一步建議妳為施虐者祈禱，希望對方能擁有妳希望自己擁有的事物——健康、財富、快樂。亨利．諾文（Henry Nouwen）在所著《唯一必要之事》（*The Only Necessary Thing*）書中寫道：

寬恕是不懂得怎麼去愛的人之間表達愛意的方式。有一項很殘忍的真相是，我們全都不懂得怎麼去愛。我們每天、每個小時都需要不停地去寬恕和被寬恕。那是全體軟弱人類大家庭相處時偉大的愛的行為。

對妳復原這件事，我最關心的就是，妳所選擇的寬恕方式能夠幫妳徹底卸下責難之心，使妳完全沒有受害者的感覺。因為，如果妳持續活在受害者心態中，妳就冒了陷入用創傷定義生命的風險。那意味著，妳讓自己受制於母親的失敗。免於受害者感受是真正復原的跡象。

母親的贈禮

有一點很重要，妳得記住沒有人十全十美，也沒人十惡不赦。不論母親只有一點點自戀者傾向或是百分之百的自戀型人格者，她都有某些優點。妳的才智、熱情、興趣，以及知識很可能傳承自她。妳要提醒自己這些母親給妳的禮物。它們可能在藝術方面、音樂方面、機械方面、體型或身材大小、頭髮的質地、美麗的眼睛、光滑的皮膚，或者某些像是不留任何皺褶地貼好一面牆壁紙的能力等等。

在日誌上寫下母親給妳的贈禮，讓自己心存感激。我很小時，外婆常對我重複一句重要的話。如果我想說某人有什麼不好，她就會把我拉過去坐在膝上，溫柔地告訴我：「如果妳用力看，總能在別人身上看到寶貴的東西。」日後我發現這確實是至理名言。妳要尋找那些寶貴如金的東西和贈禮。這樣做所帶來的助力遠超過妳當下所能了解。蘇西將她日誌中這段唸給我聽：

> 我帶著煩躁不安的心離開家門。我或許沒有無往不利的處世條件，但的確學到誠信是自己最大的資產。我學到一種極有價值的工作倫理，了解做大多數事情時最大的努力就會帶來最大的效果。我學到幽默和笑聲可以化解眼前的歧見。我學到餐桌禮儀，學到如何安排桌次和招呼客人，也學到社交技巧，我還會採買！我多多少少遺傳到了堅韌不拔；我會

看別人的好處，很容易就原諒別人，很快就學到教訓。我也很痛苦地知道自己想成為不一樣的母親，因此主動自學如何善盡撫育責任。結果我人生最大的快樂就是做一個母親。我沒有進入惡性循環之中。

要愛，不要責備：復原之貌

下面是我對妳的希望：現在，妳看自己時已具備自覺與愛的感覺。妳以大量感恩取代來自童年的焦慮和不自在，妳感激擁有生命以及迄今為止這段重要的經歷。現在的妳已了解，上天給妳的這段人生旅程充滿了值得珍視的生命課程。妳已知道自己具備內在智慧，可以與子女、其他妳愛的人，以及這個世界分享。妳知道母親給了妳特別的禮物，雖然那些禮物被偽裝起來，隱藏在創傷背後。妳現在能夠欣賞與感激這些禮物。

妳的生命由妳自己負責。妳靠著自己去處理情緒。妳是一個自我感穩固的成人，認真看待自己，不再對自己感到存疑。妳已經走出充滿焦慮的童年陰影，進入自信和勝任感的陽光裡。

現在，妳已準備好完成這趟療癒之旅，只差最後一步就可結束由自戀型母親傳承下來的影響。

Chapte 14
為自戀型家庭的傳承畫下句點

儲存在腦中卻被我們刻意否認的創傷，往往會被下一代喚醒。

——愛麗絲・米勒（Alice Miller），線上訪談妳在本章中會學到，如何運用對於自戀型性格傳承的自覺和妳作出改變的願望，讓自戀傾向不要傳給下一代。自戀型母親的女兒們通常會表達一種恐懼，擔心發現自己已具備或後天習得自戀特質，以母親、愛人、或朋友的身份影響最親密的人。伊蘭・格羅姆（Elan Golomb）在《困在鏡中》（*Trapped in the Mirror*）書中表達了這種憂慮：「如果父母有自戀傾向，複製到孩子身上的壓力是很強的。」

檢視養育

對於有孩子的讀者而言，這個議題非常重要。許多我訪問過的女士都表示對養育一事感到恐懼。年輕母親們對於養育技巧普遍比較樂觀，但隨著她們和孩子逐漸年長，有些女性開始在孩子身上看到一些熟悉的自戀型行為。可以想像她們開始為此驚慌。

「養育孩子過程中，我曾經希望將每件事都做得跟母親不一樣，但是我和孩子之間還是有問題。現在他們即將進入青春期，成為大人，我該怎麼做？」五十多歲的司考麗憂心忡忡地說。「我看到孩子們不負責任的行為，而且濫用藥物麻木情緒，讓我覺得很害怕。」

以下要說的是我自己的問題如何傳給了孩子（我得承認，這只是我的看法，孩子們可能不以為然）。我在成長過程中，曾經特別認定幾件日後不想對自己孩子做的事，長大後，我花了許多年研究兒童發展學和心理學，作為我改變世代模式的理論基礎。從第一個孩子出生開始，我就努力用不同於母親的方式養育子女。雖然如此，日後還是很辛苦地了解到，我們所有行為方式中，對孩子影響最大的是以身作則，相對地，耳提面命的刻意教導則影響有限。即使我盡可能做個好母親，最後向他們示範的卻是在心裡認為自己不夠好。這種情況持續了很久，直到我開始密集的復原計劃為止。當然，我從未告訴孩子們他們不夠好（事實上我也從不認為他們不夠好），但是他們從我爭取自信的奮鬥中看到了這種不夠好的觀念。這就好像我以反面教材示範了那個糟糕的訊息，且在與我原意相反地情況下傳承下去。我在臨床研究中，也從其他女兒們身上看到同樣的狀況。

我們在孩子面前呈現的行為和態度極為重要。由於我們會無意識地將負面信念傳下去，因此身為人母的我們，就必須做好情緒復原這件事。我立志教育其他女性這種風險和必要性，讓大家都能努力將痛苦的自戀傾向從自己生命和孩子生命中除去。

我確定身為母親的自己有很多盲點。我對自己和孩子的承諾是開放各種療癒的可能性，我鼓勵妳抱持同樣的態度。

打開彼此重新了解的通路是很棒的恩賜。原本，這種狀況對大多數成年的女兒而言頂多只是夢想，因為我們自己的母親無法開放心胸、接受改變；幸好現在我們完全能夠為孩子做出改變，藉此改變他們的傳承內容。

請開始評估妳自己養育孩子的方式。有一個痛苦的事實是，自戀型父母的孩子不可能沒有任何自戀引起的問題。任何在自戀者家庭中長大的孩子可能都有一點自戀特徵。我知道這不是妳想聽到的說法，我自己也很不容易承認這點，但妳在能夠設法修正這件事之前必須面對事實。

別忘了，自戀這個問題有程度差別。完全自戀性格的人處於光譜負面極端，但大多數人比較接近另一端。大多數人多多少少都會看重自己，這是正常的。

當妳開始研究這方面的可歸屬責任時，可能會發現周圍的人並不如妳想像的那麼支持和鼓勵妳。妳內在的聲音可能響起，告訴妳這是另一個「不夠好」的表現。這方面我要對妳說清楚，並給予充分支持：承認自己的自戀特質，並努力加以處理是負責任的表現，能夠滋養自己，也證明了妳對自己和自己的復原計劃都是認真的。妳給自己最棒的禮物，就是學習管理與控制自己的情緒和行為。

記住，復原工作是一輩子的事，妳不能一曝十寒。用不著覺得羞恥或愧疚。妳正在將自己拉出「被害者」角色，發展出成熟的自我，那是自立自強而且充滿愛意的，這樣的自我絕對「夠好」。

想做個夠好的母親，不必孤軍奮鬥。人生少有其他事足以與母親的責任和重要性相比。外婆和曾外祖母也有同樣的母性覺悟和願望。妳那想把事情做對的母性直覺是女性靈魂中的深沉渴望。我們都會犯錯，都希望事情能做得更好。當我們對孩子犯下錯誤時，往往難辭其咎，因為我們的錯誤影響了最愛的人。即使妳成長背景中並無自戀現象，依然不可能變成一個完美的母親。事實上，如果有人來找我這位精神健康提供者，宣稱自己在養育子女方面已臻完美，我會很想把失常統計手冊拿過來，開始評估某種可能的幻覺。我永遠都會記得，我最好的朋友凱因對我說的話，那是在我們討論過兩人都犯過的某些錯誤之後說的：「凱莉爾，我比較喜歡現在的妳，因為妳已經不會再去想爭取年度最佳母親的榮銜了。」

接下來，下面是正常養育子女的一些關鍵重點。

同理心

同理心是我的首選，因為這是愛的基石。缺乏同理心當然是自戀型母親的一項標誌。理解妳的孩子就是感受她們的感覺、並承認這些感覺。既需要同情和敏感的感知力，也需要技巧，才能在孩子經歷任何事情時給予道德支持。妳用不著同意他們，只要表示和他們一起。妳將自己的感覺和想法暫且放在一旁，專注在他們的情緒需要，以便試圖了解孩子們的感覺因何而起。請試試不再引經據典或試圖提供建議和方向，而採用這套同理心方式。

要做到同情與理解孩子，就必須辨識出孩子表達的感覺，並告訴他們妳了解他們「當下」的感覺：「我聽出來妳很生氣。」「妳很難過。」「我看得出來妳非常不高興。」父母能夠展示同理心，任何年齡的孩子都會覺得自己是個真實且重要的人。

在孩子跟妳發脾氣時，這樣做是有難處的。妳發現孩子的感覺具威脅性或不高興的任何時候，都要注意表達同理心不等於同意對方，而只是認同一種真實的感覺。

舉例而言，我那五歲的孫女在晚飯前向我要一塊餅乾。我說：「不可以，我們晚飯後再吃。」她的回話，是一個五歲小孩的典型反應：「奶奶，我恨妳。」我當然知道她不恨我，她也知道這一點。但是她那時很氣自己不能馬上得到餅乾。這也沒什麼關係。我對她說：「親愛的，我知道妳不恨妳的奶奶，但是妳現在很生氣，因為妳很想要餅乾。我懂妳的感覺。我現在也好想要一塊餅乾，但是我們必須先吃完飯。不過，把自己的感覺說出來是好事，我很高興妳告訴我。」在這個例子裡，我的孫女需要被肯定和了解自己沒有問題。大人在這種情況很可能馬上對孩子發脾氣，甚至處罰她，但那只會讓孩子覺得似乎必須停止或掩飾自己的感覺。妳的怒氣或處罰也會使情況更糟，負面情緒升高。

比較大的孩子和青少年往往會故意對妳不敬。這種情況下，妳確實需要設定界限，但為了讓孩子覺得父母聽到自己的聲音，妳仍然必須在話語中加入理解孩子感覺的意思。舉例而言，一個情緒失控的少女可能因為不能去逛街而對母親加上粗鄙的稱呼，母親必須就這個過份的行為訂下界限與後果。同時，母親可以承認這個孩子在生氣。通常父母第一次這麼做時，會很驚訝這個方法對於抑制孩子的怒氣很有效。孩子往往會變得較為講理，因為自己被看到與聽到，得以表達自己的意思。

我兒子大約十二歲時有一天氣著從學校回來，開始怒氣沖沖地摔東西。我們坐下來吃完飯後，他拿起一個盤子，就在桌上摔破了它。我的第一直覺是要他停止吃飯回房間，但是我說：「親愛的，有什麼事不對勁了。你非常生氣。我們來談談出了什麼問題。」這些話立即滅了他的火氣，讓他能夠說出自己為了某件、我現在不記得的事情跟姐姐生氣的感覺。我現在知道，當時也知道，如果自己把他送回房間或立即處罰他，那麼他的負面行為可能升高，我們可能永遠無法知道，觸及他真正的感覺。他生氣的原因比不上當下承認他的感覺重要。他得到發言與被聽到的機會，我也因此少了一些破盤子！

承擔責任

能為自己的感覺和行為負責，對於精神健康和心安理得極為重要。身為自戀型母親的女兒們，我們大多數時候看到的是事件中的「推諉」。母親基本上不為自己的行為和感覺負責，而總是歸罪於別人——尤其是我們。

當妳能夠承擔責任，就是採取了一種觀點，表示我無論發生任何事，都有責任管理自己的感覺和行為。沒有其他人能創造我的感覺，造成我酗酒，逼迫我侵犯別人，讓我沮喪，叫我打或吼孩子、或者開快車、不守法……等等。我自己做了決定，幾乎對任何事都做了自己的選擇。只有在我自己選擇做犧牲者時，我才是犧牲者。

還有一件很重要的事要教給孩子，那就是他們必須為自己的行為負責。妳的作法是為他們設定界限，每當他們逾越界限，妳就給予安全而合理的處置。用不著採取嚴厲的管教方式或任何羞辱他們的作法。妳只要提供配合年齡、獎懲分明跟對錯有關的界限。

如果沒有人教孩子為自己行為負責，日後他們就會形成「有權利為所欲為」的想法，而那正是自戀性格的一種特質。

有權利為所欲為

雖然讓孩子覺得我們看重他們是很重要的事，但卻不必讓他們感到別人也如此看待他們。他們有必要清楚知道，確認別人的需要跟他們自己的需要一樣重要。妳教導孩子尊重別人可以是以身作則，也可以是教他們欣賞每個人帶給這個世界的不同本質。孩子可以學到自己既是一個特別的人，也是地球人類這個龐大團體裡的一份子。她用不著出類拔萃就可以感到生命豐富或內心平安。要確保妳沒在「有權利為所欲為」這方面鼓勵孩子，妳可以用心教導、指引，並協助他們建立一種意識，兼顧自己在周遭世界的地位以及與別人的互動方式和相處責任。

許多父母似乎對孩子施壓，要求他們不計代價在學業和運動方面名列前矛。這種要求孩子「擁有」和「成就」的壓力，往往超越了要他們承擔責任的基本原則。不要高估妳孩子的能力或才智。對他成就的期望要務實，對他的確達到的成就也要肯定，但不要逼他逼到讓他因為沒有完成妳的期望就覺得自己「不夠好」的程度，否則可能會讓妳孩子困惑、對妳反感，以及產生「有權利為所欲為」的感覺。

價值觀

教導孩子建立價值觀，是他們人格發展的關鍵，但當然妳首先得知道自己信奉與不信奉的觀念。我在多年的心理分析療程中曾與數百人談過話，總是驚訝有那麼多人無法回答他們的世界觀和價值體系的問題。不過，鑑於個人復原計劃已經完成，妳現在已有了自己的信念和價值觀。我希望妳了解，教導孩子以下這些特質的重要性，這些特質是：誠實、言行一致、良善、對別人理解和關懷、寬恕、正向的自我期許和自我照料的方式，以及分辨對錯的能力。

要教導一個價值體系，最好的方法就是以身作則。妳要誠實地、善良地、關心地以及言行合一地跟他們以及別人相處，讓他們看到這價值觀很重要。教導他們自重自愛的重要性。可以利用鄰里、電視、電影、學校，以及每日新聞裡的例子討論妳的價值觀。孩子參與的任何活動都可以是教導價值觀與演示對錯的教室，要謹防嚴苛、批判和論斷。只要表達和展示妳會如何良善、果斷和言行一致地處理某種狀況即可。

妳要確定孩子的活動包括某種對別人的施予和幫助。他們起初只是學習幫助別人，最後就能在社區裡真正去做。「回饋」就是在教育他們重視別人。

看重他們本身，而不只是他們的成就

妳對孩子的愛，必須奠基在他們本身、而不僅僅是他們能做的事上。身為自戀型母親的女兒，妳聽到的是妳的行為比妳的本質重要，因此很可能在成長過程中感到父母根本不認識真正的妳。

要了解妳的孩子是怎樣的人，了解他們的好惡以及跟妳不一樣的興趣。要看中他們的好心腸和良善，也要欣賞他們的幽默和聰慧。不要用他們的行為定義他們（我兒子是足球員、女兒是芭蕾舞者）。如果妳讓孩子的自尊建立在他們的成就上，妳就是建立另一個只重視成就的自戀者世代，讓他們覺得自己必須是「明星」才能有良好的自我感覺。不論他們是否實現了自己的目標或預設前景，都請在適當的時候肯定他們的作為。讓他們知道，妳以他們已經完成的部份為傲，就算他們沒成為執行長或球星，妳都不會減少對他們的愛。

我正在撰寫本書時，一位老友打電話來問候。他告訴我，他兒子剛拿到一份足球獎學金去唸大學，但他談的更多的是兒子的「善心」、而不是獎學金。我這位朋友以兒子的成就自豪，但也喜愛兒子與生俱來的特質。他的教養分寸拿捏得真好。

真實性

鼓勵孩子踏踏實實地做人處事。真實地表現自我和表達感覺，才會讓一個人裡外如一。我們身為自戀型母親的女兒，在自戀氛圍中養成了作假。不要將這種形象至上的概念傳給孩子。孩子們可以做到既舉止合宜與真誠，又能對別人和自己的界限保持肯定和尊重的態度。做自己是沒有問題的，雖然有些人不以為然。不是每個人都必須喜歡妳和妳孩子。

允許孩子真誠做自己，意味著縱使妳自己並不同意或甚至氣惱這些感覺，也要接受並鼓勵孩子表達這些感覺。這也表示，妳不會教他為了外表看來不錯而撒謊，或者否認他認為是真實的事。不再對問題視而不見；家中不要有無法見光的秘密讓妳要求孩子秘而不宣。妳可以告訴孩子不用為了形象而對自己或別人撒謊。我們都已從痛苦的經驗中了解，那樣做是多麼讓人抓狂。

我最近看到一位母親對哭泣的孩子說：「我們不哭，沒有人喜歡悲傷的孩子。」那個孩子很快就安靜下來。顯然他經常聽到這個訊息。這樣對待孩子有一種危險性，就是教他們否認自己的感覺，犧牲真正的自己，而採取一種父母認可的形象。妳在跟孩子溝通時，必須防止自己落入這種狀況。如果妳迫使他們戴上假面具，妳就是讓他們相信，別人無法接受真正的他們。

長幼有序

妳的孩子不應該是妳的朋友。應該保持父母和子女的分際。所有孩子都應該屬於同一個階層。不要跟孩子分享大人的事情，讓他們承受太多大人的問題。請回去看第四章談到的正常的家庭體制。孩子沒有義務來滿足妳的需要。

請在家中維持合宜的分際。尊重每個家庭成員的所有物和個人身體空間。教導孩子如何堅定地「說不」，使他們不至於受別人踐踏。這樣做將可幫助他們發展出獨立的自我意識。

養育孩子是了不起的工作，也可能是妳做過最值得和最難的工作。沒有人能把這份工作做到完美。沒有關係。不過，如果妳了解上述的條件，妳就讓自己擁有了比妳父母在養育妳時更多的知識。這件事本身就是一個了不起的才能。

人際關係

妳不經意得到的自戀型特質也會影響妳的成人關係。要認出這些特質，便於加以控制。這種情況會難以應付，但並不表示妳不是好人或不夠好。只表示了妳是普通人，有過往痛苦艱難的童年問題。不過，身為成人，妳會希望自己全然可靠，在鏡中看到的是真實的自己。

妳可以將痛苦、悲傷、經驗都置之腦後，讓自己在情緒方面得以成長，並統合自身許多複雜的部份。

內在母親的指引

妳很容易就可以在愛情關係中看出自己的成長或缺乏成長，因為愛情關係會激起我們內在最缺乏的需要。在愛情中，我們企圖克服以往的創傷，但我們通常是在希冀另一半給我們童年缺乏的愛。這類企圖被誤導，但我們不斷重複，一直到完全康復為止。這就是何以許多自戀型母親的女兒會經歷許多失敗愛情關係的原因。

信賴妳自己的內在母親。讓自己感受內在母親提供的自重自愛，以學習做新手父母或重新為人父母。除去創傷，讓正向的新訊息留在心中，使妳能夠仰賴內在母親。接下來，妳可以調整自己的「對象挑選方式」，讓自己得以被不同於以往的、既非依賴者也非施予者的對象所吸引。

如果妳需要就內在母親這方面進一步努力，請重新研究第十二章。

找到此生之愛

現在是拋棄以往擇偶及與配偶相處方式的時候了。如果妳習慣列出諸如「他好看嗎？」「他有錢嗎？」「他有令人羨慕的工作嗎？」「他開名車嗎？」「他會跳舞嗎？」等涉及外表的條件，那麼現在應該開始問不同的問題。「他的內心善良嗎？」「他能像管理自己公司那樣管理好自己的情緒和行為嗎？」「他能展現和感受真實的感覺、對他人展現同理心嗎？」「他能真誠地愛自己和我嗎？」「他的內在能和自己的心靈以及我的靈魂共舞嗎？」

妳現在既已走過大部份復原的道路，不妨考慮根據下一頁中有意義的條件，選擇一個終生伴侶。

愛情關係中的復原工作

現在你選擇有別於以往的感情關係或努力提升目前的關係，那麼對於自己的復原工作，什麼是你必須了解的呢？接下來我會提供妳一些提醒：

你的愛侶是否具備了這些條件？

如果妳已擁有婚姻或感情關係，請思考這個關係中是否足夠具備這些條件。（以下使用「他」，僅為行文方便，不表示這些訊息只適用於異性關係。）

□ 1. 妳和他在一起時，他舉止良善且能體諒妳嗎？他是否言行一致？
□ 2. 他是否有意願和能力，與妳一起終生學習和成長？
□ 3. 他有能力展示真誠的同理心嗎？他願意努力克服痛苦和困難嗎？
□ 4. 他有不同於妳的個人風格、生活方式、興趣、嗜好和熱愛項目嗎？
□ 5. 你們的價值觀和世界觀（人生哲學）大致相似嗎？
□ 6. 你們有同樣的興趣、因而能夠玩在一起，並同樣享受休閒時光嗎？
□ 7. 他有幽默感嗎？他運用幽默感時立意良善、不帶惡意嗎？
□ 8. 他希望做妳最好的朋友和靈魂伴侶嗎？他有這樣的能力嗎？（他的舉止像不像妳最好的朋友？）
□ 9. 他談不談自己的感覺和妳的感覺，會不會迴避自己的情緒？
□ 10. 他能否處理矛盾的、是非不明顯的狀況，並且對於妳、他自己，以及別人的失敗和弱點不太嚴苛？
□ 11. 他在妳的精神與物質生活上有加分效果、因而使妳的世界在與他相處時變得格外美好嗎？
□ 12. 他能夠帶出妳最好的一面嗎？

提醒

通往理想愛情關係的路徑

妳可以找到符合真愛表上的對象，但除非妳持續走在復原道路上，否則這份關係不會讓妳快樂與滿足。以下這些重要的工作，妳必須做到，關係才能成功：

☐ 1. 別忘了要禮尚往來。這段關係必須是有施有受的。妳需要能夠通情達理、用愛心付出和接受。

☐ 2. 妳愛的是這個對象本身，不是他為妳或妳為他做的事。

☐ 3. 一旦妳與母親之間尚未了結的矛盾又出來添亂，請妳回到療癒步驟那裡好好努力，把這件事完全當作是妳的工作。如果他有興趣與妳一起努力，他當然是個王子般的好男人，但這主要還是妳的工作。

☐ 4. 一開始就讓他知道，妳對人的信任在童年時受到傷害，對妳而言，信任是終生的復原工作。妳要持續進行這個工作，不把問題投射到他身上。

☐ 5. 克服妳自己在依賴方面的需求，使妳不會用依賴的、或施予的行為方式與他相處。良好的感情關係需要互相扶持。

☐ 6. 在妳周遭保持個人界限，也鼓勵他做同樣的安排。必要時就給彼此隱私空間。每當這方面出現困難，就立即討論。

☐ 7. 每分每秒都必須真實生活與做自己。

☐ 8. 在身體、情緒、精神和心智上好好照顧自己。妳可以期待他也這麼做，但要了解妳不能主控或強求。

☐ 9. 最重要的是，妳要為自己的感覺和行為負責。

☐ 10. 如果他弄不清狀況而對妳說，妳的行為「簡直就像妳母親」時，妳可以委婉地要求他永遠都不要再這麼說。

妳跟朋友們

對自戀型母親的女兒而言，選擇並保有可貴的朋友並不容易，但以上談到許多維持良好感情關係的關鍵也適用於友情，尤其是禮尚往來、依賴、施予，以及劃定界限等方面。

禮尚往來對於正常的友誼非常重要。就像在愛情關係中一樣，一定要有施有受。施與受不必同時做到，但一般而言應該維持平衡。如果一個朋友總是給，而一個朋友總是取，這種關係不是依賴性的、就是施予性的。如果妳正好經歷某種生活危機或參與一項大計劃，而妳知道自己將無法做到禮尚往來，請讓朋友知道。如果妳被自己的危機逼得喘不過氣來，不要勉強施予而對自己感到虧欠，或陷朋友於不義；妳要告訴朋友，向他們保證，等自己的危機解除，妳就會回到以往禮尚往來的狀態。

高成就的女兒們這方面困難最大，因為她們一向非常忙碌，有時候不知道如何處理這種關係。她們放棄友誼，因為太愧疚自己總是無法施予。好朋友之間不必非這樣不可。

另一件重要的事是，在別人說了傷妳的話時設定界限。要維持真實的友誼，妳必須能夠回應冒犯性的說法或行動，例如：「那令我很受傷。」或：「如果妳沒那麼說，或現在沒這麼做，我會比較好受些」。如果妳朋友感到警覺或表現驚訝，妳就必須加以解釋並把事情談開。設定清楚的界限並討論這些界限，是跟我們在意的人真誠相處要做到的。

許多自戀型母親的女兒表示，她們很難交到女性朋友。最常提到的原因是女性朋友比較讓人有情緒負擔，而且對於友誼有太多不切實際的期待。我相信，這種對女性朋友的反應來自之前對於自戀型母親的反應，因為母親正是自以為是、需求不斷，以及佔去女兒太多時間。如果一個女性朋友開始表現如此，妳可能退縮不前或急著躲起來，而不會進一步了解對方的狀況。妳可能跟朋友沒有足夠的溝通，讓她了解妳的需要和界限，或者妳也可能選擇了跟母親類似的朋友。如果是後者，妳或許需要尋找新的女性朋友，她們情緒穩定堅強，跟妳興趣相近。要尋找可以為妳生活加分而不是減分的女性朋友。尋求能夠匹配妳的堅強、真誠和生活熱情的女性友情。

自戀型母親的女兒們經常抱怨，別的女人好與人爭而且善妒，這點可能來自她們童年的記憶。請確保那些友情不是只會在關係結束前讓妳內在崩潰。但是如果碰上了好競爭又善妒的女人，也就是自戀者，就盡可能避開她們。尋找真誠生活的女性朋友，她們看重妳，也讓妳重視她們。這樣的女性是天上掉下來的禮物，非常值得花費精力去尋覓。與正常良善的人相處是非常必要的。

鏡子

閱讀本書至此，我猜妳也一直在評量自己。或許妳已發現一些需要努力改正的自戀特質。誠實面對它們，在妳成為一個完整的人的復原工作上非常重要。妳不需要為這些特質覺得難過或「不夠好」——妳只需要承擔責任即可。以下是《心智失調診斷和統計手冊》列出的九項自戀特質，跟我們在談妳母親時看過的特質一樣。我們先看看下一頁的測驗。

極少自戀型母親的女兒對上述所有問題都作出肯定的回答，但妳或許看到自己符合其中幾項。請用這個表單作為妳個人成長的尺規。愛，以及展示同理心的能力，是達到健康的自我和健康的母親的兩種特質。大多數女兒們確實具有內在母性直覺，雖然她們或許覺得還需要加以鍛煉。

問卷

我有自戀問題嗎？

☐ 1. 我會誇大自己的成就與才藝，說自己完成過、其實不曾做過的事嗎？我表現得自己高人一等。

☐ 2. 在愛情、美貌、成功、智力等方面，我存有不切實際的想法和願望。

☐ 3. 我相信自己與眾不同、獨一無二，只有最好的機構與最高學術成就的專家能了解自己。

☐ 4. 我隨時都需要過度讚美。

☐ 5. 我有可以為所欲為的意識，期待受到特殊對待，並享有特權。

☐ 6. 我會剝削別人來得到自己想要或需要的東西。

☐ 7. 我是否缺乏同理心，以致於從不知道別人的感覺和需要嗎？

☐ 8. 我容易嫉妒且好與人爭，或無理地、不合邏輯地認為別人嫉妒我。

☐ 9. 我目中無人、舉止傲慢，且自認比朋友、同事和家人都優秀。

我會再加上一項：

☐ 10. 我有表達真愛的能力嗎？

全新的自己

妳現在即將走完復原之路。

妳已經誠實地在迫切感驅使下面對了過往和自己。妳已經歷了陳年的痛苦和嶄新的自由之光，也經歷了成為真正自己的自由。妳知道妳無法療癒無法感覺到的事物，妳已打開自己，用一個新的、無懼的方法思考與生活。妳知道如何直接且清楚地表達自己和自己的需要。妳已經將自己從不實際的期待中解放出來，能夠遵循自己的價值和熱情。

在妳繼續進行終生復原和發現的途中，我的心永遠與妳同在。

延伸閱讀：書籍

Adams, Alice. *Almost Perfect*. New York: Washington Square Press, 1993.

Agnew, Eleanor, and Robideaux, Sharon. *My Mama's Waltz*. New York: Pocket Books, 1998.

Apter, Terri. *You Don't Really Know Me: Why Mothers and Daughters Fight and How Both Can Win*. New York: Norton, 2004.

Bassoff, Evelyn. *Mothers and Daughters: Loving and Letting Go*. New York: New American Library, 1988.

Beattie, Melody. *Beyond Codependency: And Getting Better All the Time*. Center City, MN: Hazelden Foundation, 1989.

———. *Codependent No More: How to Stop Controlling Others and Start Caring for Yourself*. New York: Harper and Row, 1987.

Beren, Phyllis. *Narcissistic Disorders in Children and Adolescents*. Northvale, NJ: Jason Aronson, 1998.

Bowlby, John. *A Secure Base: Parent-Child Attachment and Healthy Human Development*. London: HarperCollins, 1988.

Boynton, Marilyn, and Dell, Mary. *Goodbye Mother Hello Woman: Reweaving the Daughter Mother Relationship*. Oakland, CA: New Harbinger, 1995.

Brashich, Audrey D. *All Made Up: A Girl's Guide to Seeing Through Celebrity Hype . . . and Celebrating Real Beauty*. New York: Walker, 2006.

Brenner, Helene G. *I Know I'm in There Somewhere: A Woman's Guide to Finding Her Inner Voice and Living a Life of Authenticity*. New York: Penguin, 2003.

Brown, Byron. *Soul Without Shame: A Guide to Liberating Yourself from the Judge Within*. Boston: Shambhala, 1999.

Brown, Nina W. *Loving the Self-Absorbed: How to Create a More Satisfying Relationship with a Narcissistic Partner*. Oakland, CA: New Harbinger, 2003.

———. *Children of the Self-Absorbed: A Grown-Up's Guide to Getting Over Narcissistic Parents*. Oakland, CA: New Harbinger, 2001.

Campbell, W. Keith. *When You Love a Man Who Loves Himself*.

Naperville, IL: Sourcebooks, 2005.
Carter, Steven, and Sokol, Julia. *Help! I'm in Love with a Narcissist.* New York: M. Evans, 2005.
Chesler, Phyllis. *Woman's Inhumanity to Woman.* New York: Avalon, 2001.
Cloud, Townsend. *The Mom Factor.* Grand Rapids, MI: Zondervan, 1996.
Colman, Andrew M. *Oxford Dictionary of Psychology.* New York: Oxford University Press, 2001.
Corkille Briggs, Dorothy. *Celebrate Your Self: Making Life Work for You.* New York: Doubleday, 1977.
Cowan, Connell, and Kinder, Melvyn. *Smart Women, Foolish Choices: Finding the Right Men, Avoiding the Wrong Ones.* New York: Signet, 1985.
Debold, Elizabeth; Wilson, Marie; and Malavé, Idelisse. *Mother Daughter Revolution: From Good Girls to Great Women.* New York: Bantam, 1994.
Delinsky, Barbara. *For My Daughters.* New York: HarperCollins, 1994.
Donaldson-Pressman, Stephanie, and Pressman, Robert M. *The Narcissistic Family.* New York: Lexington Books, 1994.
Drabble, Margaret. *The Peppered Moth.* Orlando, FL: Harcourt, 2001.
Edelman, Hope. *Motherless Daughters.* New York: Addison-Wesley, 1995.
Elium, Don, and Elium, Jeanne. *Raising a Daughter: Parents and the Awakening of a Healthy Woman.* Berkeley, CA: Celestial Arts, 1994.
Ellis, Albert, and Harper, Robert. A. *A Guide to Rational Living.* Chatsworth, CA: Wilshire, 1974.
Fenchel, Gerd H. *The Mother-Daughter Relationship: Echoes Through Time.* Northvale, NJ: Jason Aronson, 1998.
Flook, Marie. *My Sister Life.* New York: Random House, 1998.
Forrest, Gary G. *Alcoholism, Narcissism and Psychopathology.* Northvale, NJ: Jason Aronson, 1994.
Forward, Susan. *Toxic Parents: Overcoming Their Hurtful Legacy and Reclaiming Your Life.* New York: Bantam, 1989.
Fox, Paula. *Borrowed Finery.* New York: Henry Holt, 1999.
Friday, Nancy. *My Mother, My Self: The Daughter's Search for Identity.* New York: Dell, 1977
Golomb, Elan. *Trapped in the Mirror: Adult Children of Narcissists in Their Struggle for Self.* New York: William Morrow, 1992.

Herst, Charney. *For Mothers of Difficult Daughters: How to Enrich and Repair the Bond in Adulthood.* New York: Random House, 1998.

Hirigoyen, Marie-France. *Stalking the Soul: Emotional Abuse and the Erosion of Identity.* New York: Helen Marx Books, 2000.

Hotchkiss, Sandy. *Why Is It Always About You? Saving Yourself from the Narcissists in Your Life.* New York: Simon & Schuster, 2002.

Judd, Wynonna. *Coming Home to Myself.* New York: Penguin, 2005.

Karen, Robert. *Becoming Attached: First Relationships and How They Shape Our Capacity to Love.* New York: Warner, 1994.

Kieves, Tama. *This Time I Dance! Trusting the Journey of Creating the Work You Love.* New York: Penguin, 2002.

Lachkar, Joan. *The Many Faces of Abuse: Treating the Emotional Abuse of High-Functioning Women.* Northvale, NJ: Jason Aronson, 1998.

———. *The Narcissistic/Borderline Couple: The Psychoanalytic Perspective on Marital Treatments.* Philadelphia, PA: Brunner/Mazel, 1992.

Lazarre, Jane. *The Mother Knot.* New York: Dell, 1976.

Lowen, Alexander. *Narcissism: Denial of the True Self.* New York: Touchstone, 1985.

Masterson, James F. *The Search for the Real Self: Unmasking the Personality Disorders of Our Age.* New York: Simon & Schuster, 1988.

Meadow, Phyllis W., and Spotnitz, Hyman. *Treatment of the Narcissistic Neurosis.* Northvale, NJ: Jason Aronson, 1995.

Michaels, Lynn. *Mother of the Bride.* New York: Ballantine, 2002.

Miller, Alice. *The Drama of the Gifted Child: The Search for the True Self,* 3rd ed. New York: HarperCollins, 1996.

Minuchin, Salvador. *Families and Family Therapy.* Cambridge, MA: Harvard University Press, 1974.

Morrison, Andrew P. *Essential Papers on Narcissism.* New York: New York University Press, 1986.

Northrup, Christiane. *Mother-Daughter Wisdom: Understanding the Crucial Link Between Mothers, Daughters and Health.* New York: Bantam Doubleday Dell, 2005.

Norwood, Robin. *Women Who Love Too Much: When You Keep Wishing and Hoping He'll Change.* New York: Simon & Schuster, 1985.

O'Neill, Eugene. *Long Day's Journey Into Night.* New Haven, CT: Yale University Press, 1956.

Peck, M. Scott. *People of the Lie: The Hope for Healing Human Evil.* New York: Simon & Schuster, 1983.

Pipher, Mary. *Reviving Ophelia: Saving the Selves of Adolescent Girls.* New York: Ballantine, 1994.

Richo, David. *How to Be an Adult in Relationships: The Five Keys to Mindful Loving.* Boston: Shambhala, 2002.

Robinson, Marilynne. *Housekeeping.* New York: Farrar, Straus and Giroux, 1980.

Schiraldi, Glenn R. *The Post-Traumatic Stress Disorder Source Book: A Guide to Healing, Recovery, and Growth.* New York: McGraw-Hill, 2000.

Secunda, Victoria. *When Madness Comes Home: Help and Hope for Children, Siblings, and Partners of the Mentally Ill.* New York: Hyperion, 1997.

———. *When You and Your Mother Can't Be Friends: Resolving the Most Complicated Relationship of Your Life.* New York: Dell, 1990.

Snyderman, Nancy, and Streep, Peg. *Girl in the Mirror: Mothers and Daughters in the Years of Adolescence.* New York: Hyperion, 2002.

Solomon, Marion F. *Narcissism and Intimacy: Love and Marriage in an Age of Confusion.* New York: W. W. Norton, 1992.

Sprinkle, Patricia H. *Women Who Do Too Much: How to Stop Doing It All and Start Enjoying Your Life.* Grand Rapids, MI: Zondervan, 1992.

Stansbury, Nicole. *Places to Look for a Mother.* New York: Carroll & Graf, 2002.

Stone, Hal, and Stone, Sidra. *Embracing Your Inner Critic.* New York: HarperCollins, 1993.

Ulanov, Ann and Barry. *Cinderella and Her Sisters: The Envied and the Envying.* Philadelphia: Westminster Press, 1983.

Viorst, Judith. *Necessary Losses: The Loves, Illusions, Dependencies, and Impossible Expectations That All of Us Have to Give Up in Order to Grow.* New York: Ballantine, 1986.

Wells, Rebecca. *Divine Secrets of the Ya-Ya Sisterhood.* New York: HarperCollins, 1996.

Wilde, Oscar. *The Picture of Dorian Gray.* New York: Barnes and Noble, 1995.

Williams, Tennessee. *The Glass Menagerie.* New York: Random House, 1945.

Williamson, Marianne. *A Woman's Worth.* New York: Random House, 1993.

Wurmser, Leon. *The Mask of Shame*. Northvale, NJ: Jason Aronson, 1995.

Yudofsky, Stuart C. *Fatal Flaws: Navigating Destructive Relationships with People with Disorders of Personality and Character*. Arlington, VA: American Psychiatric Publishing, 2005.

延伸閱讀：電影

(MOST ARE AVAILABLE ON VIDEOCASSETTE OR DVD.)

Baby Boom, 1987 (Charles Shyer)
Beaches, 1988 (Garry Marshall)
Because I Said So, 2007 (Michael Lehmann)
Divine Secrets of the Ya-Ya Sisterhood, 2002 (Callie Khouri)
Georgia Rule, 2007 (Garry Marshall)
Gia, 1998 (Michael Cristofer)
Gypsy, 1962 (Mervyn LeRoy)
Mermaids, 1990 (Richard Benjamin)
Miss Potter, 2006 (Chris Noonan)
Mommie Dearest, 1981 (Frank Perry)
Mona Lisa Smile, 2003 (Mike Newell)
Ordinary People, 1980 (Robert Redford)
Pieces of April, 2003 (Peter Hedges)
Postcards from the Edge, 1990 (Mike Nichols)
Prozac Nation, 2003 (Erik Skjoldbjaerg)
Something to Talk About, 1995 (Lasse Hallstrom)
Terms of Endearment, 1983 (James L. Brooks)
The Devil Wears Prada, 2006 (David Frankel)
The Mother, 2003 (Roger Michell)
The Other Sister, 1999 (Garry Marshall)
The Perfect Man, 2005 (Mark Rosman)
White Oleander, 2002 (Peter Kosminsky)

橡樹林文化 ❖❖ 眾生系列 ❖❖ 書目

JP0001	大寶法王傳奇	何謹◎著	200 元
JP0002X	當和尚遇到鑽石（增訂版）	麥可・羅區格西◎著	360 元
JP0003X	尋找上師	陳念萱◎著	200 元
JP0004	祈福 DIY	蔡春娉◎著	250 元
JP0006	遇見巴伽活佛	溫普林◎著	280 元
JP0009	當吉他手遇見禪	菲利浦・利夫・須藤◎著	220 元
JP0010	當牛仔褲遇見佛陀	蘇密・隆敦◎著	250 元
JP0011	心念的賽局	約瑟夫・帕蘭特◎著	250 元
JP0012	佛陀的女兒	艾美・史密特◎著	220 元
JP0013	師父笑呵呵	麻生佳花◎著	220 元
JP0014	菜鳥沙彌變高僧	盛宗永興◎著	220 元
JP0015	不要綁架自己	雪倫・薩爾茲堡◎著	240 元
JP0016	佛法帶著走	佛朗茲・梅蓋弗◎著	220 元
JP0018C	西藏心瑜伽	麥可・羅區格西◎著	250 元
JP0019	五智喇嘛彌伴傳奇	亞歷珊卓・大衛—尼爾◎著	280 元
JP0020	禪　兩刃相交	林谷芳◎著	260 元
JP0021	正念瑜伽	法蘭克・裘德・巴奇歐◎著	399 元
JP0022	原諒的禪修	傑克・康菲爾德◎著	250 元
JP0023	佛經語言初探	竺家寧◎著	280 元
JP0024	達賴喇嘛禪思 365	達賴喇嘛◎著	330 元
JP0025	佛教一本通	蓋瑞・賈許◎著	499 元
JP0026	星際大戰・佛部曲	馬修・波特林◎著	250 元
JP0027	全然接受這樣的我	塔拉・布萊克◎著	330 元
JP0028	寫給媽媽的佛法書	莎拉・娜塔莉◎著	300 元
JP0029	史上最大佛教護法—阿育王傳	德千汪莫◎著	230 元
JP0030	我想知道什麼是佛法	圖丹・卻淮◎著	280 元
JP0031	優雅的離去	蘇希拉・布萊克曼◎著	240 元
JP0032	另一種關係	滿亞法師◎著	250 元
JP0033	當禪師變成企業主	馬可・雷瑟◎著	320 元
JP0034	智慧 81	偉恩・戴爾博士◎著	380 元
JP0035	覺悟之眼看起落人生	金菩提禪師◎著	260 元
JP0036	貓咪塔羅算自己	陳念萱◎著	520 元
JP0037	聲音的治療力量	詹姆斯・唐傑婁◎著	280 元
JP0038	手術刀與靈魂	艾倫・翰彌頓◎著	320 元
JP0039	作為上師的妻子	黛安娜・J・木克坡◎著	450 元
JP0040	狐狸與白兔道晚安之處	庫特・約斯特勒◎著	280 元
JP0041	從心靈到細胞的療癒	喬思・慧麗・赫克◎著	260 元
JP0042	27% 的獲利奇蹟	蓋瑞・賀許伯格◎著	320 元

JP0043	你用對專注力了嗎？	萊斯・斐米博士◎著	280 元
JP0044	我心是金佛	大行大禪師◎著	280 元
JP0045	當和尚遇到鑽石 2	麥可・羅區格西◎等著	280 元
JP0046	雪域求法記	邢肅芝（洛桑珍珠）◎口述	420 元
JP0047	你的心是否也住著一隻黑狗？	馬修・約翰史東◎著	260 元
JP0048	西藏禪修書	克莉絲蒂・麥娜麗喇嘛◎著	300 元
JP0049	西藏心瑜伽 2	克莉絲蒂・麥娜麗喇嘛◎等著	300 元
JP0050	創作，是心靈療癒的旅程	茱莉亞・卡麥隆◎著	350 元
JP0051	擁抱黑狗	馬修・約翰史東◎著	280 元
JP0052	還在找藉口嗎？	偉恩・戴爾博士◎著	320 元
JP0053	愛情的吸引力法則	艾莉兒・福特◎著	280 元
JP0054	幸福的雪域宅男	原人◎著	350 元
JP0055	貓馬麻	阿義◎著	350 元
JP0056	看不見的人	中沢新一◎著	300 元
JP0057	內觀瑜伽	莎拉・鮑爾斯◎著	380 元
JP0058	29 個禮物	卡蜜・沃克◎著	300 元
JP0059	花仙療癒占卜卡	張元貞◎著	799 元
JP0060	與靈共存	詹姆斯・范普拉◎著	300 元
JP0061	我的巧克力人生	吳佩容◎著	300 元
JP0062	這樣玩，讓孩子更專注、更靈性	蘇珊・凱瑟・葛凌蘭◎著	350 元
JP0063	達賴喇嘛送給父母的幸福教養書	安娜・芭蓓蔻爾・史蒂文・李斯◎著	280 元
JP0064	我還沒準備說再見	布蕾克・諾爾＆帕蜜拉・D・布萊爾◎著	380 元
JP0065	記憶人人 hold 得住	喬許・佛爾◎著	360 元
JP0066	菩曼仁波切	林建成◎著	320 元
JP0067	下面那裡怎麼了？	莉莎・瑞金◎著	400 元
JP0068	極密聖境・仰桑貝瑪貴	邱常梵◎著	450 元
JP0069	停心	釋心道◎著	380 元
JP0070	聞盡	釋心道◎著	380 元
JP0071	如果你對現況感到倦怠……	威廉・懷克羅◎著	300 元
JP0072	希望之翼： 倖存的奇蹟，以及雨林與我的故事	茱莉安・柯普科◎著	380 元
JP0073	我的人生療癒旅程	鄧嚴◎著	260 元
JP0074	因果，怎麼一回事？	釋見介◎著	240 元
JP0075	皮克斯動畫師之紙上動畫《羅摩衍那》	桑傑・帕特爾◎著	720 元
JP0076	寫，就對了！	茱莉亞・卡麥隆◎著	380 元
JP0077	願力的財富	釋心道◎著	380 元
JP0078	當佛陀走進酒吧	羅卓・林茲勒◎著	350 元
JP0079	人聲，奇蹟的治癒力	伊凡・德・布奧恩◎著	380 元
JP0080	當和尚遇到鑽石 3	麥可・羅區格西◎著	400 元
JP0081	AKASH 阿喀許靜心 100	AKASH 阿喀許◎著	400 元
JP0082	世上是不是有神仙：生命與疾病的真相	樊馨蔓◎著	300 元

JP0083	生命不僅僅如此一辟穀記（上）	樊馨蔓◎著	320 元
JP0084	生命可以如此一辟穀記（下）	樊馨蔓◎著	420 元
JP0085	讓情緒自由	茱迪斯．歐洛芙◎著	420 元
JP0086	別癌無恙	李九如◎著	360 元
JP0087	甚麼樣的業力輪迴，造就現在的你	芭芭拉．馬丁＆狄米崔．莫瑞提斯◎著	420 元
JP0088	我也有聰明數學腦：15堂課激發被隱藏的競爭力	盧采嫻◎著	280 元
JP0089	與動物朋友心傳心	羅西娜．瑪利亞．阿爾克蒂◎著	320 元
JP0090	法國清新舒壓著色畫 50：繽紛花園	伊莎貝爾．熱志－梅納＆紀絲蘭．史朵哈＆克萊兒．摩荷爾－法帝歐◎著	350 元
JP0091	法國清新舒壓著色畫 50：療癒曼陀羅	伊莎貝爾．熱志－梅納＆紀絲蘭．史朵哈＆克萊兒．摩荷爾－法帝歐◎著	350 元
JP0092	風是我的母親	熊心、茉莉．拉肯◎著	350 元
JP0093	法國清新舒壓著色畫 50：幸福懷舊	伊莎貝爾．熱志－梅納＆紀絲蘭．史朵哈＆克萊兒．摩荷爾－法帝歐◎著	350 元
JP0094	走過倉央嘉措的傳奇：尋訪六世達賴喇嘛的童年和晚年，解開情詩活佛的生死之謎	邱常梵◎著	450 元
JP0095	【當和尚遇到鑽石 4】愛的業力法則：西藏的古老智慧，讓愛情心想事成	麥可．羅區格西◎著	450 元
JP0096	媽媽的公主病：活在母親陰影中的女兒，如何走出自我？	凱莉爾．麥克布萊德博士◎著	380 元
JP0097	法國清新舒壓著色畫 50：璀璨伊斯蘭	伊莎貝爾．熱志－梅納＆紀絲蘭．史朵哈＆克萊兒．摩荷爾－法帝歐◎著	350 元
JP0098	最美好的都在此刻：53 個創意、幽默、找回微笑生活的正念練習	珍．邱禪．貝斯醫生◎著	350 元
JP0099	愛，從呼吸開始吧！回到當下、讓心輕安的禪修之道	釋果峻◎著	300 元
JP0100	能量曼陀羅：彩繪內在寧靜小宇宙	保羅．霍伊斯坦、狄蒂．羅恩◎著	380 元
JP0101	爸媽何必太正經！幽默溝通，讓孩子正向、積極、有力量	南琦◎著	300 元
JP0102	舍利子，是甚麼？	洪宏◎著	320 元
JP0103	我隨上師轉山：蓮師聖地溯源朝聖	邱常梵◎著	460 元
JP0104	光之手：人體能量場療癒全書	芭芭拉．安．布藍能◎著	899 元
JP0105	在悲傷中還有光：失去珍愛的人事物，找回重新聯結的希望	尾角光美◎著	300 元
JP0106	法國清新舒壓著色畫 45：海底嘉年華	小姐們◎著	360 元
JP0108	用「自主學習」來翻轉教育！沒有課表、沒有分數的瑟谷學校	丹尼爾．格林伯格◎著	300 元
JP0109	Soppy 愛賴在一起	菲莉帕．賴斯◎著	300 元
JP0110	我嫁到不丹的幸福生活：一段愛與冒險的故事	琳達．黎明◎著	350 元
JP0111	TTouch® 神奇的毛小孩按摩術——狗狗篇	琳達．泰林頓瓊斯博士◎著	320 元
JP0112	戀瑜伽．愛素食：覺醒，從愛與不傷害開始	莎朗．嘉儂◎著	320 元
JP0113	TTouch® 神奇的毛小孩按摩術——貓貓篇	琳達．泰林頓瓊斯博士◎著	320 元

JP0114	給禪修者與久坐者的痠痛舒緩瑜伽	琴恩・厄爾邦◎著	380元
JP0115	純植物・全食物：超過百道零壓力蔬食食譜，找回美好食物真滋味，心情、氣色閃亮亮	安潔拉・立頓◎著	680元
JP0116	一碗粥的修行：從禪宗的飲食精神，體悟生命智慧的豐盛美好	吉村昇洋◎著	300元
JP0117	綻放如花——巴哈花精靈性成長的教導	史岱方・波爾◎著	380元
JP0118	貓星人的華麗狂想	馬喬・莎娜◎著	350元
JP0119	直面生死的告白——一位曹洞宗禪師的出家緣由與說法	南直哉◎著	350元
JP0120	OPEN MIND！房樹人繪畫心理學	一沙◎著	300元
JP0121	不安的智慧	艾倫・W・沃茨◎著	280元
JP0122	寫給媽媽的佛法書：不煩不憂照顧好自己與孩子	莎拉・娜塔莉◎著	320元
JP0123	當和尚遇到鑽石5：修行者的祕密花園	麥可・羅區格西◎著	320元
JP0124	貓熊好療癒：這些年我們一起追的圓仔~~頭號「圓粉」私密日記大公開！	周咪咪◎著	340元
JP0125	用血清素與眼淚消解壓力	有田秀穗◎著	300元
JP0126	當勵志不再有效	金木水◎著	320元
JP0127	特殊兒童瑜伽	索妮亞・蘇瑪◎著	380元
JP0128	108大拜式	JOYCE（翁憶珍）◎著	380元
JP0129	修道士與商人的傳奇故事：經商中的每件事都是神聖之事	特里・費爾伯◎著	320元
JP0130	靈氣實用手位法——西式靈氣系統創始者林忠次郎的療癒技術	林忠次郎、山口忠夫、法蘭克・阿加伐・彼得◎著	450元
JP0131	你所不知道的養生迷思——治其病要先明其因，破解那些你還在信以為真的健康偏見！	曾培傑、陳創濤◎著	450元
JP0132	貓僧人：有什麼好煩惱的喵～	御誕生寺（ごたんじょうじ）◎著	320元
JP0133	昆達里尼瑜伽——永恆的力量之流	莎克蒂・帕瓦・考爾・卡爾薩◎著	599元
JP0134	尋找第二佛陀・良美大師——探訪西藏象雄文化之旅	寧艷娟◎著	450元
JP0135	聲音的治療力量：修復身心健康的咒語、唱誦與種子音	詹姆斯・唐傑婁◎著	300元
JP0136	一大事因緣：韓國頂峰無無禪師的不二慈悲與智慧開示（特別收錄禪師台灣行腳對談）	頂峰無無禪師、天真法師、玄玄法師◎著	380元
JP0137	運勢決定人生——執業50年、見識上萬客戶資深律師告訴你翻轉命運的智慧心法	西中　務◎著	350元
JP0138	心靈花園：祝福、療癒、能量——七十二幅滋養靈性的神聖藝術	費絲・諾頓◎著	450元
JP0139	我還記得前世	凱西・伯德◎著	360元
JP0140	我走過一趟地獄	山姆・博秋茲◎著 貝瑪・南卓・泰耶◎繪	699元
JP0141	寇斯的修行故事	莉迪・布格◎著	300元

眾生系列 JP0144

媽媽的公主病：活在母親陰影中的女兒，如何走出自我？

Will I Ever Be Good Enough ？ Healing the Daughters of Narcissistic Mothers.

作　　者／凱莉爾 · 麥克布萊德博士 (Karyl McBride, Ph.D.)
譯　　者／馬勵
責任編輯　陳怡安
業　　務／顏宏紋

總 編 輯／張嘉芳
出　　版／橡樹林文化
城邦文化事業股份有限公司
104 台北市民生東路二段 141 號 5 樓
電話：(02)25007696 傳真：(02)25001951
發　　行／英屬蓋曼群島商家庭傳媒股份有限公司城邦分公司
104 台北市中山區民生東路二段 141 號 2 樓
客服服務專線：(02)25007718；25001991
24 小時傳真服務：(02)25170999；25001991
讀者服務信箱 E-mail：service@readingclub.com.tw
劃撥帳號：19863813
戶名：書虫股份有限公司
香港發行所／城邦（香港）出版集團有限公司
香港灣仔駱克道 193 號東超商業中心 1 樓
電話：(852)25086231 傳真：(852)25789337
Email: hkcite@biznetvigator.com
馬新發行所／城邦（馬新）出版集團【Cité (M) Sdn.Bhd. (458372 U)】
41, Jalan Radin Anum, Bandar Baru Sri Petaling,
57000 Kuala Lumpur, Malaysia.
電話：(603) 90578822　傳真：(603) 90576622
Email：cite@cite.com.my

版面構成／洪祥閔 kevinhom1208@yahoo.com.tw
封面設計／周家瑤
印　　刷／韋懋實業有限公司
初版一刷／2015 年 1 月
二版二刷／2022 年 9 月
I S B N／978-986-5613-77-8
定　　價／380 元

城邦讀書花園
www.cite.com.tw

國家圖書館出版品預行編目 (CIP) 資料

媽媽的公主病：活在母親陰影中的女兒，如何走出自我？/ 凱莉爾 . 麥克布萊德 (Karyl McBride) 作；馬勵譯 . -- 二版 . -- 臺北市：橡樹林文化，城邦文化出版：家庭傳媒城邦分公司發行，2018.07

面；　公分 . --（眾生；JP0144)

譯自：Will I ever be good enough? : healing the narcissistic mothers

ISBN 978-986-5613-77-8(平裝)

1. 自戀 2. 精神疾病 3. 親子關係

173.75　　103024802

廣 告 回 函
北區郵政管理局登記證
北 台 字 第 10158 號

郵資已付 免貼郵票

104 台北市中山區民生東路二段 141 號 5 樓

城邦文化事業股份有限公司

橡樹林出版事業部 收

請沿虛線剪下對折裝訂寄回，謝謝！

橡|樹|林

書名：媽媽的公主病：活在母親陰影中的女兒，如何走出自我？ **書號：JP0144**

橡樹林文化
讀者回函卡

感謝您對橡樹林出版社之支持，請將您的建議提供給我們參考與改進；請別忘了給我們一些鼓勵，我們會更加努力，出版好書與您結緣。

姓名：＿＿＿＿＿＿＿＿＿＿ □女　□男　　生日：西元＿＿＿＿＿年

Email：＿＿＿＿＿＿＿＿＿＿＿＿＿＿＿＿＿＿＿＿

◎您從何處知道此書？

□書店　□書訊　□書評　□報紙　□廣播　□網路　□廣告 DM　□親友介紹

□橡樹林電子報　□其他＿＿＿＿＿＿＿

◎您以何種方式購買本書？

□誠品書店　□誠品網路書店　□金石堂書店　□金石堂網路書店

□博客來網路書店　□其他＿＿＿＿＿＿＿

◎您希望我們未來出版哪一種主題的書？（可複選）

□佛法生活應用　□教理　□實修法門介紹　□大師開示　□大師傳記

□佛教圖解百科　□其他＿＿＿＿＿＿＿

◎您對本書的建議：

＿＿＿＿＿＿＿＿＿＿＿＿＿＿＿＿＿＿＿＿

＿＿＿＿＿＿＿＿＿＿＿＿＿＿＿＿＿＿＿＿

＿＿＿＿＿＿＿＿＿＿＿＿＿＿＿＿＿＿＿＿

＿＿＿＿＿＿＿＿＿＿＿＿＿＿＿＿＿＿＿＿

＿＿＿＿＿＿＿＿＿＿＿＿＿＿＿＿＿＿＿＿

非常感謝您提供基本資料，基於行銷及客戶管理或其他合於營業登記項目或章程所定業務需要之目的，家庭傳媒集團（即英屬蓋曼群商家庭傳媒股份有限公司城邦分公司、城邦文化事業股份有限公司、書虫股份有限公司、墨刻出版股份有限公司、城邦原創股份有限公司）於本集團之營運期間及地區內，將不定期以MAIL訊息發送方式，利用您的個人資料於提供讀者產品相關之消費與活動訊息，如您有依照個資法第三條或其他需服務之務，得致電本公司客服。

我已經完全瞭解左述內容，並同意本人資料依上述範圍內使用。

＿＿＿＿＿＿＿＿＿＿＿＿（簽名）

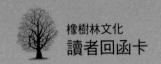